# Tarantismo Observado En España...: Y Memorias Para Escribir La Historia Del Insecto Llamado Tarántula......

Francisco Javier Cid

# TARANTISMO
## OBSERVADO EN ESPAÑA,
### CON QUE SE PRUEBA EL DE LA PULLA.

# TARANTISMO
## OBSERVADO EN ESPAÑA,
## CON QUE SE PRUEBA EL DE LA PULLA,
### DUDADO DE ALGUNOS,
### Y TRATADO DE OTROS DE FABULOSO:

Y Memorias para escribir la Historia del insecto llamado Tarántula, efectos de su veneno en el cuerpo humano, y curacion por la música con el modo de obrar de esta, y su aplicacion como remedio á varias enfermedades.

SU AUTOR

*DON FRANCISCO XAVIER CID,*
*Socio de la Real Sociedad Bascongada, Académico de la Real Academia Médica Matritense, y Médico Titular del Ilustrísimo Dean y Cabildo de la Santa Iglesia de Toledo, Primada de las Españas, y del Excelentísimo é Ilustrísimo Señor Don Francisco Lorenzana, Arzobispo de dicha Ciudad.*

CON LICENCIA:
EN MADRID: EN LA IMPRENTA DE GONZALEZ.
MDCCLXXXVII.

Qui nobis non credit, veniat & videat; & periculum faciat. Nam verissimum esse, quod scribimus, inveniet. *Epiphanius Ferdinandus in Sennerto*, tom. 2. lib. 1. part. 2. pag. 422.

1.° Tarántula Hembra.
2.° Vista interior de los Obarios y Tarantulillas que salen de ellos.
3.° Vista exterior de los Obarios.
4.° Tarántula Macho.
5.° Vista del Capullo ó nido que fabrican, de tres Obarios dentro del Capullo, y del Terrazo donde suelen fabricar.

# MOTIVOS DE LA PRESENTE OBRA.

El compilador de estas Historias curiosas leyó no sin gran complacencia en los principios de su Práctica Médica el tratado de Jorge Baglivio *de Anatome, morsu & effectibus Tarantulæ.* Admiró la eficacia y particularidad del veneno de este insecto. Reflexîonó sobre los raros y extraordinarios efectos que produce, y mas que en todo en la música, y modo de obrar, que es su expecífico, y con la que infaliblemente se cura. Sin embargo de que los escritos que contienen semejantes novedades excitan en el lector un ardiente deseo de ver y tratar lo admirable de ellos, y que en él produxo el mismo efecto la lectura del referido tratado, como por otra parte asienta el Autor que el asunto de su obra trae poca utilidad á los enfermos y á la medicina, solamente á los habitantes de la Provincia de la Pulla, porque en aquella region precisamente y no en otra se cria la Tarántula: ó porque quando se crie en otras no es igualmente venenosa como en aquella (a): y aun llega á asegurar (b) que so-



(a) Cap. 1. de Tarantula. (b) Id. cap. 5. in princip io.

solamente es venenosa en la Pulla, no creyó deberse parar á exâminar el asunto, é investigar lo cierto, falso, ó dudoso que en él se podia hallar. Prevenido de estas absolutas aserciones, que leyó despues inconcusamente admitidas por el Padre *Niremberg* en su *Filosofia oculta*, *Doña Oliva del Sabuco* en la suya, el Caballero *Pedro Megia* en su *Silva*, *Matiolo*, *Juan Jonstono*, *Kircher*, *Pluche Geofroy*, *&c.* vivió en la firme persuasion de que era cierta en todas sus partes la descripcion que hacia el Baglivio de los raros fenomenos que causa el veneno tarantulino, y consiguientemente de los prodigiosos efectos de la música en su curacion.

Pasados algunos años encontró en la obra francesa *Diccionario Portatil de la salud* una crítica absolutamente contraria al juicio que tenia formado sobre los efectos del veneno de la Tarántula, y su expecífico la música. Los AA. de la referida obra con la mayor satisfaccion afirman que quanto se ha escrito de la curacion de la Tarántula les parece fabuloso. Manifiestan su sentir con las siguientes expresiones. »Todo »lo que acabamos de referir sobre (a) la curacion

(a) Tomo 2, voz tarantisme.

»cion de la Tarántula *nos parece fabuloso*, aun»que lo havan escrito muchos AA., y principal»mente Baglivio. Muchos AA. nos aseguraron que »todos los mordidos de la Tarántula perecian á »pesar del bayle, como se ven todos los dias pe»recer de rabia los que se van á bañar al mar, »despues de haber sido mordidos de algun ani»mal rabioso; *lo que puede haber dado ocasion al »uso de la música es la melancolia en que caen los »que fueron mordidos.«* Si seguidamente á esta infundada crítica se hubiera apoyado su magistral aserto en alguna ó algunas observaciones, que aunque no concluyeran, por lo menos hicieran suspender el juicio, pudiera haberse esperado tal qual suspension en no arrojarse precipitadamente en creerlo; pero como quieren únicamente forzar al entendimiento con sola su palabra, sin otra prueba que le convenza de lo contrario de lo que con sólidos fundamentos tiene creido, no causó en él sino el desprecio que justamente se merecen unas críticas hechas por espíritus de contradicion, con expresiones vivas, chocantes, y llenas de vanidad y envidia. En el dia se hace profesion de críticas, y cada qual quiere echar su pensamiento á volar. Pero quan mal se exercite este dificil arte por falta de los debidos requisi-

tos

tos de parte del crítico, lo acredita la presente crítica. Es visible de quanta vanidad estén llenos semejantes AA. quando creen que sin mas prueba que su simple dicho se les ha de creer por sola su palabra en materia no solamente tenida por inconcusa por una mera tradicion, sino fundada con observaciones. ¿Quién no ve que toca en el mas alto punto de un delirio traer ó querer traer á opinion contraria sin prueba alguna, particularmente quando aquella está bien fundada? Es preciso declarar por necio á quien pretende apartar de una opinion recibida sin prueba. Entrar á persuadir lo contrario destituido de razones es loca vanidad, significando en el mismo hecho despreciar á los oyentes, ó neciamente creer que aunque sin fuerza sus razonamientos, la viveza y vehemencia con que los exprime, puedan forzar al entendimiento á abrazar lo que le repugna. Por estas razones no hizo fuerza al compilador la referida crítica, permaneciendo en el antiguo concepto.

No obstante no dexó de causarle una gran novedad algun tiempo despues la lectura de *Mr. de Sauvages*, Médico de *Montpellier*, quien igualmente que sus compatriotas los AA. del Diccionario, tiene al Tarantismo por fabuloso, y cuyo

ori-

origen atribuye á una preocupacion generalmente recibida: que está en la obligacion de confesar que el Tarantismo no es hoy dia observado sino por los paisanos raza crédula; pero no niega el efecto que haya podido causar la música en los envenenados por la Tarántula. Vease, pues, como siente. »*Baglivio* (a) es el único que atribuye esta en»fermedad (el Tarantismo) al escorpion de la *Pu»lla* ó Apulia. Todos los demas la atribuyen á la »Tarántula por una preocupacion generalmente »recibida: del mismo modo que los Astrólogos »las guerras y las enfermedades epidémicas á la »influencia de los astros::: Es una enfermedad »endémica en la *Pulla*, que se atribuye por una »preocupacion vulgar á la mordedura de la Ta»rántula, y cuyo principal síntoma consiste en »un deseo excesivo al bayle y música::: Acaso »esta opinion debe su origen al efecto que pro»duxeron los instrumentos en disipar el adorme»cimiento que causa la mordedura de la Tarántu»la; y de ahí viene la que se tiene en el dia de »que la música tiene virtud de disipar el veneno »de este insecto por medio de los sudores en »que los enfermos caen baylando. La mordedura »de

(a) Sauvages, tom. 7, clase 8, pag. mihi 264.

»de la Tarántula, ni la picadura del escorpion,
»no tienen cosa comun con esta enfermedad: el
»calor solo basta para causarla, por poca disposi-
»cion que tengan los hombres á este género de
»locura« (a). Confirma su sentir apoyándolo con
el de Mr. *Serao* (b), diciendo: »*Serao* pretende
»que el Tarantismo causado por la clorosis, la
»melancolía, la nimphomania &c. no es menos
»fingido que el que atribuye á la mordedura de
»la Tarántula.« No es este el único Autor de que
se vale para fundar su crítica, sino que tambien
cita á *Mr. Tarenti*, Médico del Papa (c), en confirmacion de ella. En su Disertacion sobre los
venenos de Francia, escribe: »Sin embargo no se
»duda que la Tarántula, especie de araña que se
»halla en la *Pulla*, no sea la causa de la singu-
»lar enfermedad descrita por *Baglivio*; aunque no-
»sotros estemos obligados á confesar con *Mr. Ta-
»renti*, Médico del Papa, que el Tarantismo no
»es hoy dia observado sino por los paisanos casta
»crédula, por quien no se puede tener confianza
»alguna sobre semejante asunto (d).«

La autoridad de estos célebres Médicos, parti-

(a) Id. tom. 7, pag. 264. (b) Eodem loco, pag. 268.
(c) Disert. sobre los venen. de Francia, p. 127. (d) Eod. loc.

ticularmente la de los Italianos *Tarenti* y *Serao*, como que se podian haber informado mas de cerca, estuvo bien cerca de inclinar el asenso del Compilador á la opinion contraria. ¿Quién podrá persuadirse que un Médico de tanta recomendacion y mérito como el *Tarenti*, quando asegura una opinion contraria á la generalmente recibida, no la afianzase con pruebas positivas, ó por lo menos la contrabalancease con algunos experimentos ó razonamientos sólidos? Nada parece que hay de todo esto, sino negarlo precisamente porque no lo han visto, y parecerle demasiadamente prodigioso. Lo mismo se debe decir de *Mr. Serao*, Secretario de la Real Academia de Nápoles, quien para negar un hecho inconcusamente recibido era preciso lo persuadiera con fieles y exâctas observaciones que con claridad lo demostrasen. Ya se dexa conocer que esta es mucha obra. Para esto es necesario tiempo, pasar por algunos dìsgustos, y trabajar para combinar las especies que les comuniquen; y aun así muchas veces nada se puede asegurar con la certeza necesaria, quando para lo primero no hay necesidad de otra cosa que de un golpe negativo de pluma con que se corta el nudo de la dificultad. Las observaciones requieren una larga serie de

años

años si en ellas hemos de apoyar nuestros discursos, y tal vez en muchas vidas no hay oportunidad para ellas: en cuyo caso la correspondencia epistolar de los curiosos y verdaderamente sabios nos pueden poner en estado de juzgar de los hechos. Sin embargo, pues, de estas reflexîones vacilaba ya el asenso, y como que habia perdido para el compilador la autoridad del *Baglivio*. En este estado de scepticismo permaneció por algun tiempo, quando por los años de 79 ú 80 se publicó en la Gazeta de *Madrid* que un Médico habia curado á uno mordido de la Tarántula con el alkali volátil. Como tenia por cierto lo de *Baglivio* que únicamente era venenosa la Tarántula en la *Pulla*, y que solamente aquel tratado era útil á los moradores de aquella Provincia, verdaderamente le sorprendió la noticia. Lo primero porque ignoraba que en nuestra Península se criase tal insecto: lo segundo porque suponia del mismo hecho de intentar la curacion que era venenosa, y cotejando el clima de la *Pulla* con los de la *Mancha* y *Estremadura* donde ocurrió, y hallando gran conformidad en ellos, juzgaba que acaso su veneno tendria la misma actividad, produciria los mismos síntomas en el cuerpo humano, y se curarian con la música lo ter-

tercero porque supuesta la actividad del veneno jamas se habia oido decir que produxese tales efectos ; ni aun que el suelo español criase semejantes sabandijas. Fue tanto lo que le chocó la especie , que se propuso el pensamiento de informarse del Médico que ordenó la curacion escribiéndole, para lo que guardó la Gazeta. Le ocurrieron por entonces algunas ocupaciones que hicieron olvidar por algun tiempo la especie , y quando volvió á ella con el designio de escribir, ya se habia traspapelado. Quedó , pues , en esta gran duda , y con deseos de salir de ella. En este intermedio se estableció en la Ciudad de Toledo á principios del año próxîmo pasado de 1782. Pocos meses despues de dicho establecimiento fue preguntado por sugeto de caracter y literato ¿qué juzgaba de venenos , y particularmente del de la Tarántula? Dixo quanto sabia sobre el asunto, y habia leido ; pero no atreviéndose á tomar partido en lo verdadero y lo falso de las relaciones de los atarantados y sus curaciones con la música , se contentó con referir lo que habia leido en varios AA. , y su modo de pensar sin decidir.

Pasados algunos meses , no tiene presente con qué motivo , se tocó la misma especie de

Tarántula, asegurándole un sugeto de mucha autoridad que habia oido referir un caso muy semejante á los de *Baglivio* á Don Juan Felix de Guzman, Cura de Villarrobledo, como que habia ocurrido en la Villa de Valdepeñas, y que segun noticias se hallaba en el dia en la Ciudad. Sin pérdida de tiempo se dirigió á él; y habiéndole asegurado del hecho por relacion de otro, le facilitó le informáran de aquella Villa por su Médico. Este le comunicó varias historias ocurridas allí, y dió razon de otras de los pueblos comarcanos. Siguiendo unas noticias á otras se juntó el número de observaciones que contiene la presente obra, suficiente á poner fuera de toda duda lo que escribieron todos los AA. de los raros fenomenos del veneno tarantulino, y los prodigiosos efectos de la música. Con este motivo, para hacer mas estimable el escrito, se forma la verdadera historia de este insecto, siguiéndola en todos los periodos de su fecundacion, obacion, aumento, perfeccion, distincion de sexos &c. hasta hacerla completa en quanto permiten las circunstancias de la situacion del Autor.

Del

Como tiene la obra el título de *Tarantismo*, se hace preciso explicar qué sea. Dos son las significaciones igualmente usadas que tiene la voz *Tarantismo*. La una se toma por aquel afecto que produce en el cuerpo humano el veneno de la Taránțula comunicado por la mordedura. De modo que el conjunto de fenomenos morbosos, como son la postracion, debilidad, ansiedad, palpitacion de corazon, opresion de pecho &c. todos efectos de un poderoso veneno coagulante, se llama *Tarantismo* ó afecto producido por el veneno de este animal. En este sentido usaremos muchas veces de esta voz en el presente escrito, aunque no dexemos de usarla aun mas comunmente en otra significacion, como notaremos luego.

Hasta el siglo XV se ignora que se haya usado del término *Tarantismo*, aunque en todos tiempos se haya conocido el insecto, especie de araña ó *Phalangio*, llamado *Tarántula*, de donde tomó la etimologia, habiéndola antes tomado esta de la Ciudad de *Taranto* ó *Tarento*. La otra significacion que se da al nombre de *Tarantismo*, es el bayle que causa la música en los ta-

tarantulados ó mordidos de la *Tarántula*: de cuya significacion se usará freqüentemente en esta obra, para manifestar el movimiento compaseado excitado por ella en los tarantulados.

No se ha restringido, pues, la significacion de este nombre á la precisa del bayle de los tarantulados, sino que por analogismo le han aplicado los Escritores á toda enfermedad que se manifiesta con saltos, brincos ó qualesquiera otros movimientos, sean ó no convulsivos, que tengan ó digan alguna semejanza con el bayle. Y así hay *Tarantismo Apulo* ó de la *Pulla* tratado por *Baglivio* (a), que es de quien al presente tratamos. Haylo por la picadura del alacran de la misma Region, segun el referido Autor. Tambien hay *Tarantismo fingido*, llamado por el mismo *Carnevaletto delle donne*. La clorose ó afeccion clorótica en opinion del dicho Escritor parece que tambien le causa. Si así es, se podrá con bastante propiedad llamar *Tarantismus cloroticus.*

El *chorea Sancti Viti de Sennerto*, conocido por algunos AA. con el nombre de *Enthusiasmus*, y por *Platero* con la expresion de *Saltus Valen-* [illegible] *ti-*

(a) Tract. de Anatome, morsu & effectibus Tarantulae.

*tini*, & *Saltus Viti* es otra especie de Tarantismo dicho *Tarantismo entaneasmo*. *Herodoto* llama á los tocados de esta enfermedad *enterásticos enterastici*. *Saint-Gervis*, citado por *Sauvages* (a), refiere en sus *Memorias Históricas* que los habitantes de *Tunez* están sujetos sin causa manifiesta, esto es, sin mordedura de animal alguno, á un particular Tarantismo, que conocen aquellos naturales con el nombre de *Janon*, y entre los Escritores por el de *Tarantismus Tingitanus*. Acomete mas comunmente á las mugeres, y las precisa á saltar y danzar hasta no poder mas. Quiere el *Saint-Gervais* que sean convulsivos aquellos movimientos, pero *Sauvages* piensa que no se diferencian de los que se advierten en los mordidos de la Tarántula.

No solamente se ha extendido la significacion de la voz Tarantismo á qualquiera bayle ó movimiento que se le parezca, sino á la pasion violenta de la música quando altera la salud. Llámase esta enfermedad *Tarantismus Musomania*. Es de juzgar que aun se extienda mas la significacion, queriendo tal vez los Escritores manifestar ó dar á conocer, baxo el nombre de *Taran-*

(a) Nosologia, clase 8, pag. mihi 275.

*rantismo*, qualquiera violenta pasion, ó ardiente deseo hácia algun objeto que trastorne la economia animal. En este sentido no seria estraño que el *furor uterino*, que produce tantos y tan raros efectos pervirtiendo la razon, se nombrase *Tarantismus nimphomania*. Lo mismo se deberá entender de los demas delirios.

## *De la voz Tarantéla.*

Tomado el nombre Tarantéla en su rigorosa significacion es la sonata con que se despierta del adormecimiento y languor en que caen los mordidos de la Tarántula. Tiene la denominacion de este animal. Es, pues, la sonata de la Tarantéla cierto sonido harmónico bastante vivo y acelerado entre fandango, folías y canario, ó una mezcla de todas estas sonatas, muy propio y aun expecífico para excitar á los ya moribundos infectos del veneno del referido animal. Consta por la experiencia que en todo caso de tarantismo, aunque se ensayen qualesquiera otras sonatas, con ninguna se excita el enfermo á executar el mas mínimo movimiento; pero oida esta al momento da muestras de sentir sus impresiones, sacudiendo los músculos en movimientos concertados y muy conformes á los puntos de ella: tóquese en vihuela, violin ú otro instrumento. Solamente en *Baglivio* se encuentra una historia, que es la VII. de su tratado de Tarántula, que la sonata conocida por el nombre de la *cadena* produxo igual efecto. Tomó la historia de *Epifanio Ferdinando*. Dícese en ella que fue mordido el doliente de la Tarántula, y que

aca-

acaso seria uvea segun los síntomas que aparecieron. Con todo se debe dudar que lo fuese, quando todos los casos que han ocurrido posteriormente confirman que no produce efecto ninguna de las demas sonatas sino la Tarantéla, particularmente si fuesen aquellas de las suaves y pausadas. Requiérese en estos casos una música viva é impelente, que eficazmente mueva los nervios del enfermo. Todas las de suave melodia, y como que tienen cierta dulzura pausada, lexos de avivar los espíritus é irritar los nervios, adormecen, entorpeciendo aquellos y afloxando estos: consiguientemente son ineficaces, como lo comprueba la observacion.

Tres sonatas Tarantélas usan los Manchegos en la curacion del Tarantismo. Todas tres se diferencian en muy poco por lo respectivo á los puntos; pero la viveza con que se tañe el instrumento, sea el que quiera, y algun otro redoble que se haga, conmueve poderosamente al paciente una mas que otra. El Ciego de Almagro *Joseph Recuero* está instruido en las tres especies de Tarantélas que se tocan en la Provincia de la *Mancha*; y aunque todas guardan el mismo compás, término final y puntos, el orden que este les da, ayudado de la viveza con que

los

los executa, hace que la que este tañe obre mas eficaz y prontamente. Así lo afirma el dicho Ciego al fol. 42 de la informacion que sobre el particular de orden del Supremo Consejo recibió el Sr. *Soler*, confesando que, aunque instruido en las de los demas pueblos de la Provincia, nunca las usaba, por tener experimentado que aunque con todas baylan y se curan los dolientes, tardan dos ó tres dias mas, y con la suya se logra sin comparacion mas pronto alivio.

Las sonatas Tarantélas puestas en solfa para violin son la primera del Ciego Recuero de Almagro, la segunda es propia de la Pulla, y las restantes las que usan en varias partes de Italia. En la vihuela se toca por el cinco al dos, tres y quatro, prosiguiendo estos puntos con celeridad á modo de canario. La mayor energía con que obra esta particular Tarantéla consiste en la mano del guitarrista, que la ha de llevar muy aprisa y con concierto por los dichos puntos. Qué efectos produzca la referida tocata se explicará en debido lugar. Baste por ahora saber, para no confundir la voz Tarantéla, que los habitantes de la dicha Provincia conocen y llaman por ella al insecto comunmente llamado Tarántula, nombrándole *Tarantéla*.

Es expresion bastante freqüente: *Parece que le da ya á N. la Tarantéla.* Quiere darse á entender con ella, que el N. por quien se dice rompió de improviso y sin motivo manifiesto en movimientos impetuosos y desusados, al modo de los que executan los tarantulados al son de la Tarantéla. Será raro el que no haya oido muchas veces la tal frase, para manifestar los repentinos movimientos de algunos que estando al parecer muy sosegados repentinamente se ponen en violentas acciones. De aquí es, que ó este modo de hablar se nos ha comunicado de los Italianos, ó es antiguo en nuestra Península el son de la Tarantéla; y consiguientemente no es de estos últimos el conocimiento que tienen los Españoles de la Tarántula y efectos de su veneno: puesto que parece haberse usado de la Tarantéla quando ha quedado en expresion comun para explicar algunos movimientos que dicen semejanza con los que en fuerza de la música Tarantéla executan los envenenados por aquel animal, aunque por otra parte se ignore que hayan escrito nuestros compatriotas por propias observaciones, y de intento del tal insecto, ni su veneno. Da mucho esfuerzo á este modo de pensar el que este animal no es así como se quiera

ra-

raro en España, sino que es freqüentísimo; y tanto que en sola la Provincia de la *Mancha*, particularmente en las tierras baxas, defendidas del Norte por cerros ó montes, hay una multitud asombrosa en dehesas, sembrados, y en todo el campo. No hay que admirar, quando una sola puede producir hasta 600 ó 700, como se ve en su historia.

Tambien las hay en la misma abundancia en *Andalucía*, *Estremadura*, y demas Provincias meridionales. Consta esto de noticias y relaciones ciertas. ¿Por fortuna no se habian de haber experimentado, supuesta la casi infinita muchedumbre de estos animalejos, en tantos tiempos su mordedura y efectos? ¿Acaso estaba reservado este descubrimiento para nuestros dias? ¿Han estado privados de veneno, ó este se ha activado en estos últimos años? Siendo verosimil que hayan mordido en todos tiempos, su veneno no dexaria de producir los regulares efectos; del mismo modo se intentaria la curacion por la música. Es de creer que todas las bestias que son picadas por el *Musgaño* (frase de pastores, muleteros &c.) y que mueren hinchadas con todos los señales de tarantismo, lo son por la Tarántula, á quien comunmente llaman los guardas y pastores de los

ga-

ganados *Musgaño*. ¿Qué buena noticia para ensayar la *jatrophonia* ó música, remedio en los animales que se sospecha de picadura de *Musgaño*, ó que verdaderamente lo están? Si, como es muy verosimil, correspondiesen los efectos á la idea, ademas de la admiracion que causaria al expectador ver los prodigios de la música en los brutos ¿quántas utilidades se seguirian en la aplicacion de esta como remedio? Bien lo conocerán los interesados en estas grangerias, aunque el público carezca de este conocimiento. La enfermedad de que mueren los tales animales llaman los veterinarios *Lobado*: donde sajan, cortan y practícan otros muchos remedios; pero ninguno aprovecha. Por ventura el facil, suave y grato de la música les curará.

Supuesta, pues, la casi infinita multitud de estos animalejos, que se anidan en dehesas, sembrados y en todo el campo, se debe tener por cierto que habrán mordido muchas veces, causando su veneno los regulares efectos que le son propios, y que asimismo se habrá aplicado la música como remedio. Y aunque se diga que por gran dicha, y á mucha ventura se hubiera tenido una tan feliz ocurrencia en haber aplicado tan extraordinario remedio; con todo siendo tan freqüen-

tes

tes los mordiscos no dexaria de haber uno ú otro literato Médico, ó curioso Naturalista, que teniendo noticia de la araña de la *Pulla* por alguno de los AA. que escribieron de ella, la ensayasen en semejantes casos. Así es de creer. Y si no ¿de dónde ha venido á los Manchegos saber la Tarantéla, aplicarla á los tarantulados, y aun extender su significacion á los repentinos movimientos ya dichos? Su origen en estas Provincias absolutamente se ignora, igualmente que el tiempo desde que se tiene noticia de todas estas particularidades, con que es de presumir que los Manchegos, y lo mismo se debe entender de los que habitan nuestros paises meridionales, tienen ha mucho tiempo noticia y conocimiento de la Tarántula, su veneno, y remedio por la Tarantéla.

Sino nos constase de la inmemorial de la referida expresion generalmente recibida en la Península, deberiamos creer lo que el Dr. Roch en carta con fecha de 7 de Junio de 1784 asegura: »que se tiene por cierto que el que tocó »primeramente en la Provincia de la Mancha la »Tarantéla á los mordidos de este insecto, y de »quien la aprendieron sus naturales, fue un *Ni-* »*colas Mazarren* ó *Mazarron*, natural de *Milán*,

»de

»de oficio cantero. Dexóse ver en este pais hará »30 años, hasta cuyo tiempo, dicen, que to»dos los mordidos morian.« Es de creer que la hubiera aprendido en la Pulla, y viendo que eran mordidos en la Mancha por una araña muy semejante á la Tarántula Apula, y de cuya mordedura todos morian, ensayase en su curacion la Tarantéla. En efecto, si es cierta esta relacion, le salió bien la tentativa, habiendo dexado á los Manchegos el infaltable remedio para la curacion del Tarantismo.

HIS-

# HISTORIA
## DEL INSECTO LLAMADO TARÁNTULA
## Ó TARANTÉLA.

Para formar una historia de esta naturaleza; ademas de las prendas de un verdadero historiador y atentísimo observador, era preciso que paso á paso, con buena crítica se siguiesen todos los estados de este insecto en su fecundacion, ovacion y acrecion; notando y observando las mas mínimas particularidades y mutaciones, y reflexîonando sériamente sobre cada una de ellas. No habiendo tenido el copilador de estas prodigiosas relaciones oportunidad de seguir la referida idéa, no se puede esperar una exâcta historia, sino una memoria, con alguna mayor ilustracion que la que nos dexó *Jorge Baglivio* sobre el particular, la que podrá servir de basa á algun curioso Naturalista, para que trabajando sobre ella, lleve al fin este asunto, dándonos la puntual y perfecta historia.

La de *Baglivio* está muy defectuosa y llena de equivocaciones. No es de admirar que así sea, quando no pudo, aunque Italiano, hacer las ne-

ce-

cesarias observaciones. Para esto era necesario observar primero el tiempo en que empiezan á dexarse ver, qué color manifiestan, qué magnitud, y su habitacion: segundo, de qué se alimentan, y de qué medios usan para buscar el sustento; si cazan como las demás arañas, &c. tercero, determinar el tiempo en que se juntan macho y hembra, cómo fecundan y aovan; si paren ó no los ovarios, cómo fabrican los nidos para ellos, en quánto tiempo, y quántos: quarto, á qué tiempo salen las tarantulillas de los ovarios, qué es lo primero que hace este animalejo luego que sale, y las mutaciones que adquiere en los varios estados y edades de su corta vida: quinto, qué caracter particular sea el del macho á distincion de la hembra, qué variedad de especies haya de este insecto, y quántas, con todo lo demás que parezca concerniente al fin de ilustrar bien la historia.

Bien sabido es que mucho de esto no se puede observar sin pisar el terreno donde se crian; y así fuera de desear que los Médicos, ó algun otro curioso aficionado á la historia Natural de los que habitan los Países de *Mancha*, *Estremadura* y *Andalucia*, donde principalmente se crian, se dedicaran á observar este insecto en todos sus

esta-

estados: con lo que acaso lograriamos una completa historia de la Tarántula. Aquí no haremos otra cosa que descubrir alguna equivocacion que se halla en *Baglivio*, aventurar tambien contra algunas aserciones suyas tal qual discurso, y avivar de este modo la curiosidad de los aficionados, para que sigan en su alcance esta historia hasta su perfeccion.

Tomó el nombre este animal de la Ciudad de *Taranto* ó *Tarento*, en la Provincia de *Otranto*, en los confines de la *Pulla* ó *Apulia*, sitas en lo mas oriental y estrecho del Reyno de *Italia*, entre los mares *Adriático* y *Jonio*, llamándose Tarántula. Aunque el suelo de la *Pulla* es el mas fecundo de estos insectos, con todo siendo *Tarento* el pueblo de mas comercio en lo antiguo, de donde verosimilmente recibirian los estrangeros las primeras noticias de los efectos del veneno y su curacion por la música, diéronle el tal nombre tomándolo de la poblacion donde primeramente las recibieron, ó acaso vieron algunos tarantismos.

La absoluta proposicion de *Baglivio* (a) de que la Tarántula era propia de la *Pulla*, y no



(a) Cap. 1. de Tarántula.

de otro País, dió motivo á que los Médicos y Naturalistas descuidásen de buscarla, historiarla y observar los efectos de su veneno. Equivocóse pues el referido autor; porque no solamente se encuentra este insecto en la Pulla, sino en *Scilia*, *Malta*, *Africa* (a), y *Mallorca*; en *América* las hay (b), y la *Asia* no carece de ellas (c). Aseguran sugetos dignos de toda fé que en *Andalucia* hay Tarántulas de la misma especie que en la *Mancha*, y que á los mordidos de ellas se remedia con la música (d), y curan perfectamente: es asimismo consiguiente que las haya en todas las Provincias meridionales de nuestra Península, particularmente en terrenos llanos y que llueva poco. Pero donde los hay con mas abundancia es en las de *Estremadura* y *Mancha*. En esta son tantas que en algunos pueblos de ella los que salen á pasear temen sentarse en los campos por no ser mordidos de ellas en el tiempo que pueden dañar. Todos los Médicos de la dicha Provincia aseguran, unos que son inumerables, otros que se crian en mucha abun-

dan-

(a) Suavages de Tarantismo, tom. 7. pag. mihi 263.
(b) Pluche Espectac. tom. 1. (c) Doctor Martinez de Villascusa en carta fecha 15. de Febrero de 1783.
(d) Doctor Huete en carta fecha 18. de Enero de 83.

dancia con particularidad en las tierras llanas, que coge el sol de medio dia, y por aquellas partes que miran al Sur y Este. Dicen los habitantes del pueblo del *Moral de Calatrava*, por relacion de su Médico *Don Antonio Martinez Huete*, en carta con fecha de 26 de Diciembre de 82. »Que en todos los años al tiempo de la »siega y recoleccion de mieses han visto algu»nas Tarántulas (es término Provincial) mas no »el número tan copioso como se ha observado »en los quatro años próxîmos anteriores, que »han sido muy escasos de lluvia, circunstancia »quizás necesaria para su mas abundante propa»gacion y propension á morder;« y añade el referido Médico que le han informado que desde el año pasado de 60 no ha habido sugeto mordido de la Tarántula hasta el año de 1779, que fue el primero á quien asistió. Lo mismo asegura *Don Mariano Candela y Ayala*, Médico de *Daymiel*, en carta fecha 24 de Febrero de 83, sobre lo particular de no haber ocurrido casos de tarantismo en 20 años que ha que es Médico de aquella Villa hasta estos últimos años. Dice: »La »casualidad de haberse observado (las Tarántu»las y su mordedura) en estos últimos años de »calor, y no haberla oído en 20 años que re»sido

„sido en esta Villa, y haber sido mas freqüentes „en la Villa del *Moral*, *Valdepeñas*, *Manzana-* „*res*, *Almagro*, &c. lo ignoro«. El no haberse dexado ver hasta estos últimos años en abundancia las Tarántulas, y no haber ocurrido freqüentes sus mordeduras lo comprueba el *Doctor Don Juan Marin*. Este Doctor es Médico de la Villa de *Valdepeñas* ha 30 años, y sus observaciones no empiezan hasta el de 68, aunque en el *Moral de la Calatrava* hubiesen ocurrido tres tarantismos desde el año de 50 (a) hasta el de 60.

Del número antecedente se infiere que igualmente que en la *Pulla* se crian en la *Mancha* inumerables Tarántulas. Por lo mismo sus mordiscos son freqüentes, y tanto que hay sugetos dedicados á su curacion con la música. De modo que con bastante propiedad se pudiera nombrar esta Provincia nuestra *Pulla*, ó *la Pulla de la España* por la abundancia que cria de estos insectos. Asimismo se infiere que los países cálidos, secos y meridionales son los mas proporcionados para su propagacion. Por el contrario, que la disminuye y casi extingue la abundancia de lluvias.

La

(a) Don Antonio Martinez Huete en carta fecha en 18 de Enero de 83.

La anatomia externa que hizo *Jorge Baglivio* de la Tarántula, su descripcion y pintura es perfectamente la misma que la de la *Mancha.* Nos remitieron en este Otoño de *Ciudad Real,* Capital de la Provincia, varias Tarántulas, que llegaron muertas porque venian juntas, sin embargo de haber prevenido que enviaran unas separadas: el macho aparte, y del mismo modo la hembra ó hembras. En otro vidrio macho y hembra: y en algun otro mayor indiferentemente varias, ya de un sexo ya de otro, y de distintos colores si se podian haber, con el fin de hacer experimentos en seguimiento de la ilustracion de su historia, lo que no tuvo efecto por la razon referida. Con todo registrado este animal, ya con la vista desnuda, ya con un anteojo no de mucha finura, se halló que el macho es de menos corpulencia que la hembra, mas belloso, y de color algo ceniciento ó subpálido, que los ocho ojos que tiene igualmente que la hembra están situados en menor espacio, y parece que están colocados con distinto orden. Los quatro últimos mas colaterales son mayores conocidamente que los quatro restantes correspondientes á la parte anterior. Estos últimos apenas se distinguen sino por medio de microscopio ó de una vista perspi-

pi-

picaz. Son en los dos sexos negros, brillantes y protuverantes, especialmente los quatro últimos colaterales. El vientre de la hembra es mucho mayor; todo lo demas es comun á los dos, como es tener ocho ojos, ocho garras, y cada una de ellas tres articulaciones, dos cuernos ó antenas con dos internodios cada una, y dos dardos agudísimos en la boca con los que pica ó muerde; porque uno y otro hace á un tiempo con ellos, y por los que vierte el veneno. Apenas se descubre en este animal division entre pecho y vientre, formando su cuerpo así en la magnitud como en el color la figura de un grano de uva negra. El color negro de la hembra es muy brillante.

El tiempo en que se dexan ver es de Julio ó algo antes hasta Setiembre, y en mas número en las tierras en que siembran el zumaque. Qué particularidad haya en el zumaque ó en la tierra que le produce que les sirva de aliciente, le ignoramos. Bástanos referir el hecho comunicado por sugeto verídico. En este tiempo estimulados macho y hembra del estro venereo se juntan. Si hemos de creer á *Jorge Baglivio* en fé de *Marco Aurelio Severino* (a) tienen el macho y

(a) Dissertat. de Tarant. cap. 4.

y hembra sus proporcionados vasos para la generacion. El macho vasos que preparen el espíritu prolífico, y que comunica á la hembra por el pene ó miembro destinado á esta obra, que sale de entre la division del pecho y vientre, el qual es negro, retorcido, y que se parece al aguijon de la mosca; la hembra su ovario. Esto supuesto es de creer que se junten *modo averso sive præpostero coitu*, *aut aversa venere*; y esto en el fin del Verano ó principios del Estío, como afirma *Aristóteles*: *Et ista conjunctio maximè est in fine veris, & in principio æstatis* (a). Preñada la hembra y próxîmo su parto, sale á fabricar el nido para poner los huevos.

Para lo que primeramente en las matas baxas, muy cerca de la caberna donde ha pasado el Verano, y como distante dos ó tres dedos de la tierra, texe una tela á manera de bolsa muy delicada, en la que encierra porcion de palitos delgados y cortos, yervecilla menuda, y todo lo que conduce á una mediana blandura. Estos nidos se hallan en los sembrados, como tambien en las dehesas. El insecto ocupa siempre la parte inferior del techo, y por el espacio que hay entre

(a) *Lib. 5. Histor. Animalium.*

tre este y la tierra sale y entra con libertad y presteza, atrayendo los insectos que acomodan á su alimento, siendo los mas freqüentes langostas y escarabajos de toda especie, segun se observa al rededor del nido. El Sr. *D. Miguel Cayetano Soler*, Comisionado por el Real y Supremo Consejo de Castilla para informar de los efectos del veneno de este insecto y su historia, habiendo reconocido varios nidos, en ninguno halló Tarántula compañera de la que estaba fuera, observando que cada una ocupaba distinto lugar. En la Provincia de la *Mancha*, segun se ha observado, empiezan en el mes de Agosto las Tarántulas á abrigar y fomentar sus ovarios, y aun muchas no los tienen.

Fabricado del modo referido el nido, con su lecho ó mullido de yervas y pequeños palos, y precisada la hembra á deponer sus huevos, empieza á construir una bolsa pequeña con tal primor, que sin embargo de formar un pequeño capullo de la magnitud de una avellana, semejante al del gusano de la seda, así en el texido y substancia, como en el color, depone en él poco á poco hasta 600 ó 700 huevecillos blancos, y del tamaño del grano de mijo. Sigue en esta prodigiosa obra tal orden, que coloca cada hue-

huevo en su departamiento para que animados ya mutuamente no se dañen. Luego que deposita el primero texe una sutilísima tela y le cubre, y lo mismo hace con todos los demas: de modo que cada uno de ellos tiene su estancia cortada y dividida de los demas. Segun va pariendo y cubriendo sus partos con la dicha tela, á proporcion crece el ovario. Concluido el primero sigue en la misma forma fabricando otro y otros, que por lo regular son tres ó quatro en cada nido. Hicimos traer algunos, y advertimos lo primero la tela que da la forma al nido bastante sutil, en que se hallaban yervezuelas y palitos enredados, que sin duda sirven de lecho, y langostas y escarabajos muertos, cuyo jugo alimentó á la hembra durante la ovacion y fomentacion. 2.° En cada uno de ellos se encontraron en unos tres y en otros quatro ovarios ó capullos. La materia de estos es delgada, muy tupida y densa, color blanco algo obscuro, por todas partes igual, sin descubrirse por ninguna señal de cerradura, á modo del texido del capullo de la seda. La magnitud la de una avellana ó grande garvanzo. Su figura redonda, y por medio de sutiles telas unidos al nido.

Abierto un ovario (se abrió el 25 de Febrebrero de 83) se descubren tantos animalillos que apenas se pueden contar. Con todo tuvo el observador la paciencia de contar hasta mas de quatrocientos, pero confundida la vista con el movimiento de tantos y tan pequeños animalejos, cesó; pero advirtió que ademas de las muchísimas Tarantulillas perfectamente organizadas, y bien animadas, que á la abertura de aquella bolsa ó capullo, y rotas las telas donde cada una estaba encerrada, empezaban á extender sus garras, salir del ovario, y al momento á texer ciertos granitos blancos como el mijo. Es de persuadir que aquellos granos son la simiente ó huevos que depone la hembra, y no se animaron como los demas. De lo que se puede inferir que en cada uno de los ovarios hay al poco mas ó menos seiscientos huevos; de los que aunque no se animen mas que las dos terceras partes, procrea cada hembra en los años favorables á la propagacion de la especie de este insecto mil y doscientas Tarántulas. ¡Qué multiplicacion tan asombrosa! ¡Y qué mayor plaga podia enviar la ira de Dios, á nuestro modo de pensar, sobre las Provincias en que anidan estos animales, sino hubiera determinado la Providencia que muriesen todas todos los años, como acontece á la langosta!

Vis-

Vistas en el referido tiempo las Tarantulillas tenian ya su debida formacion. Luego que se vieron libres desplegaron las garras, se pusieron en movimiento, echaron á andar con viveza, y al instante á hilar. Bien reconocidas por un antejojo se descubrian las dos puntas ó dardos con que hieren situados debaxo de la cabeza, las dos antenas, cuernos ó mas bien garras pequeñas, y las ocho grandes. Eran todas estrelladas por el lomo y cabeza, cubiertas de pintas encarnadas, azules, verdes y con algo de blanco muy brillantes. Desde el 25 de Febrero hasta el mes de Junio se abrieron á tiempos algunos ovarios, y siempre en todos aparecieron del mismo modo estrelladas. Esperábamos á que las Tarantulillas por sí mismas abriesen los capullos y saliesen de sus ovarios, como sucede con los de los gusanos de la seda, agallas donde están anidadas varias especies de moscas, vasillos de langosta &c. pero no se consiguió; porque guardados en vidrio para mas bien advertir sus mutaciones, no tuvimos por conveniente dexarlos de custodiar. Por lo que ni los abrigamos ni fomentamos con calor alguno. Y así nos privamos de la gran complacencia de haber observado todas las mutaciones y variedad de colores que adquieren estos animalejos

se-

segun sus diversos estados. Las bolsitas ú ovarios que se abrieron del Junio en adelante contenian los fetos muertos. Sin duda habiéndoles faltado el fomento del calor (estuvieron reservados en lugar fresco por precaver algun riesgo con la familia) se hallaron débiles para romper aquel texido, que es bastante fuerte, y á conseqüencia murieron pasado el tiempo en que por destino de la naturaleza debian salir del encierro para continuar la propagacion de la especie, hermosear el mundo, y para otros fines que se ignoran. No obstante ya que no se lograron los experimentos ideados, el favor de un amigo puso en nuestro poder una porcion de Tarántulas grandes por el mes de Agosto del presente año de 83; y quando pensábamos haber satisfecho en el asunto la curiosidad, y comunicado sobre él á los aficionados algunas exquisitas noticias, abierto el bote de lata donde las enviaban, aparecieron todas muertas. En las que se hallaron enteras notamos lo que queda referido al principio de la descripcion de su historia.

Una de las cosas que nos habiamos propuesto averiguar era el esencialísimo punto de la aovacion. El Sr. *D. Miguel Cayetano Soler* en la mencionada Memoria presentada al Consejo casi lo

apu-

apuró. Para esto metió una Tarántula que aun no habia aovado en una ampollita de vidrio, y observó toda su obra. Se reduxo á formar en tres dias la tela ó grande bolsa que sirve de nido y donde coloca los ovarios, y en el quarto ya halló por la mañana el ovario como de una octava parte de magnitud que regularmente adquiere, abrigado de continuo por la misma Tarántula; en cuya forma continuó creciendo conocidamente seis dias, y en el séptimo murió el insecto: con cuyo motivo buscó otro de la misma especie para ver si suplia su falta, y adelantaba el ovario hasta su perfecto estado. Pero nada hizo; y tambien murió al segundo dia; por lo que quedó la obra imperfecta y manco el experimento.

Bien se puede conocer por lo observado en los siete dias ó seis de trabajo de la Tarántula que casi se llega á determinar el tiempo que pasa en la ovacion, que será el de tres semanas poco mas ó menos; pues por lo comun no tienen los nidos mas que tres ovarios, y parece segun lo que resulta de la observacion del Sr. *Soler* que en siete dias se halla formado cada uno de ellos. Tambien se deduce de la misma informacion observacion que no paren los ovarios como

mo

mo han pensado los mas, sino que los van formando al paso que ponen los huevecillos: que continuamente los abrigan hasta que cierran el ovario, y pasan á la construccion del segundo y del tercero observando el mismo orden. Es de presumir que un tan penoso y largo trabajo, junto al dispendio y consumo del humor mucilaginoso que gasta en la fábrica del nido y ovarios, la extenúe, deseque y muera; ó luego á luego de concluida la aovacion, ó á poco tiempo despues entrando el frio.

Se conservan los nidos así construidos pendientes de las ramillas de las matas baxas y maleza del campo sin llegar al suelo, en lo mas escondido de ellas, á no destruirles algun acaso, hasta que calienta el Sol en la Primavera, en cuyo tiempo abrén un agugero pequeño y salen todas estrelladas. Con el tiempo se vuelven negras, y de tal maguitud que el vientre se asemeja al grano de uva tinta. El macho se dixo que era mas belloso particularmente sobre la espalda y lados del pecho, y mas pardo ó ceniciento que la hembra, la qual tiene un negro muy brillante como el azabache, y es mayor que aquel.

Libres de la prision se extienden por el cam-

po

po y buscan cabernas donde habitar para libertarse de las incomodidades del tiempo y asechanzas de otras sabandijas, sus enemigos. Cubren casi toda la entrada de su habitacion de una tela que texen á ese efecto y extienden hasta lo mas retirado de ella con que cazan varios animalejos que les sirven de alimento. Los pastorcillos é hijos de labradores se divierten para cazarlas, tomando una caña de avena ó centeno, y arrimándose al nido forman con la boca un sonido que finja al de las moscas, el qual oido por la Tarántula sale prontamente engañada á cazarlas. Lo mismo sucede si se toca la tela con delicadeza con palo, paja ó qualquiera otra cosa. Juzga que ya está aprisionada la sabandija ó sabandijas para quienes se preparó con el mayor primor la red, que extendió hasta su retiro; de suerte que tocada por qualquiera parte y por el mas leve impulso se comunican las vibraciones hasta el extremo de la tela donde está la Tarántula, y sale inmediatamente á hacer la presa.

Creen muchos que sino las molestan no muerden. Acaso será así; porque es tanta la multitud que hay en el campo donde se crian, que era preciso que se observaran mas tarantulados. Pues en los hatos de los segadores aseguran algunos ha-

haber una infinidad. Las historias de los mordidos tambien parece que así lo acreditan quando los mas ó todos lo fueron por haberlas oprimido, como se infiere de las relaciones. Se mantienen en sus cabernas hasta el tiempo de desovar en que salen á preparar el nido.

De la presente historia se deduce: 1.° Que las Tarántulas de la *Mancha*, y lo mismo se debe entender de las demas Provincias de España donde se crian, son expecíficamente las mismas que las de la *Pulla* en *Italia*. 2.° Que es infundada la division de las tres especies de cenicientas, ubeas y estrelladas, queriendo con ella persuadir que verdaderamente hay las tres castas de Tarántulas constituyendo cada una distinta especie. Lo que hay de verdadero en el asunto es que todas las Tarantulillas dentro de los ovarios son estrelladas, como lo podrá observar qualquiera que tenga oportunidad de haber alguno á las manos; y lo mismo se advierte quando rompiendo el ovario salen de él en la Primavera, sean machos ó hembras. Entiéndese esto por lo general, pues acaso observadas con exquisito cuidado las manchas ó estrellas, ó alguna otra particularidad, podrán dar idea de alguna diferencia entre macho y hembra. Segun el estado de acrecimiento

que

que adquieren y la distincion de sexo mudan el color, observándose que el del macho pasa á ceniciento obscuro, contúrnico ó pardo, el que hace sobresalir cierto bello del mismo color de que está vestido por espalda y lomos. Esta mutacion se dexa registrar en los mas de los insectos, en los animales mas perfectos, como es el *corzo*, en quien se ven unas grandes y blancas manchas que le hermosean la piel, las que desaparecen en creciendo y llegando á su perfeccion, y aun en las plantas se observa lo mismo, segun sus diversos estados. Además que el color no debe por sí solo constituir diferencia expecífica pudiéndose muy bien entender que influye en él por la mayor parte la tierra donde se crian y los alimentos de que se sustentan. ¿Porque los Negros sean tales, son de distinta especie que los demás hombres? ¿Porque la vívora en un terreno sea de diverso color que las demás, dexará de ser vivora? No por cierto. Pues lo mismo se deberá entender de nuestras Tarántulas.

Que se haya observado que la mordedura de la ubea es mas peligrosa que la de las cenicientas y estrelladas, es muy conforme á nuestro modo de pensar como fundado en experimentos. Dos particularidades concurren en la ubea para que sea mas peligrosa su mordedura. La de ser hembra y estar en su mayor perfeccion. Por hembra es mayor que el macho: consiguientemente ha de tener mas humor venenoso; prescindiendo de si se enfurece é irrita mas y muerde con mas rabia. Por el color es visto que está en su mayor perfeccion, y su veneno sin duda que será mas activo. Con que concurriendo estas dos tan sustanciales circunstancias, no es de admirar que aun siendo de una misma especie las tres referidas Tarántulas, el mordisco de la ubea sea mas venenoso, y aun mortal, si no se socorre al mordido con el expecífico de la música. Las mismas razones persuaden que no habiendo llegado la estrellada á su perfeccion, por no haber adquirido aun el color ubeo que la constituye en aquel estado, como lo acredita la observacion, sin que por eso se niegue que podrá alguna llegar á él conservando las manchas de diversos colores con que se manifiestan dentro y fuera de los ovarios; el veneno de ésta no será tan activo. El de la cenicienta ó parda, siendo por lo regular macho, y este de mayor corpulencia, no arrojará en la mordedura tanto humor venenoso; y por consiguiente la de estas no debe ser tan peligrosa.

En

En efecto es así segun lo que han demostrado hasta el dia los experimentos.

3.° Que llegado el tiempo de la aovacion dexan las hembras sus cabernas y se preparan para el parto, formando, como queda dicho, su gran bolsa ó nido, donde pone sus huevos, no segun han creido muchos pariendo los ovarios con toda la fábrica que se ven, sino construyendo con exquisito arte otras bolsitas ó pequeños capullos, donde deponen la simiente. 4.° Que todas mueren todos los años contra lo que afirma *Baglivio* (a), que no son fecundas hasta los dos años, y que pasan el invierno en sus latibulos ó escondrijos dentro de la tierra. Es de pensar que los machos sirvan á las hembras, quando estan estas entendiendo en la obra de la aovacion y fábrica del nido, llevándolas alimento para que no descuiden del grave negocio de su propagacion, particularmente quando desovan: en cuyo caso además de cubrir los huevos con aquel sutilísimo velo que sirve de division ó departamento á cada uno para que mutuamente no se dañen, debe abrigarlos continuamente hasta dexarlos bien defendidos de las inclemencias del tiem-

(a) Disert. cáp. 4.

tiempo. Consigue esto la hembra despues de trabajado enteramente el capullo y dadole toda la firmeza de que es capaz. La providencia en nada falta, y no sería cierto si abandonase éste animalejo sus partos para salir á caza de alimentos. Debese pues juzgar que el macho busca sólicito el alimento á la hembra mientras esta está empleada con gran afan en la obra de continuar la propagacion de su especie.

5.° Que la gran bolsa que hace de nido la forma en tres dias y gasta el espacio de ocho en la fábrica de cada uno de los capullos ú ovarios donde deposita la simiente. Preservados estos, y defendidos con ser impenetrables á las aguas por la materia glutinoso-filamentosa de su construccion, y colocacion que los dá en lo mas escondido de las matas, los descuida asegurada de su resguardo.

6.° y último. Que avivadas, ó mas bien estimuladas del calor de la Primavera, rompen el capullo, salen y se extienden por el campo; donde hacen nidos para guarecerse hasta el tiempo de la aovacion. Quanta diferencia hay de esta historia á la de Baglivio lo cononerá el lector cotejándolas. En la del Autor Italiano se asegura que no son fecundas hasta los dos años

quan-

quando en esta se dá por asentado que mueren todos los años al modo de las langostas, infiriéndose necesariamente de esto que son fecundas en el mismo, logrando en él su perfecta acrecion. Aquí se determina al poco mas ó menos el espacio de tiempo que emplea la hembra en la fábrica de su nido para el desovo igualmente que el de cada uno de los capullitos ó bolsas pequeñas, donde simienta, y quántas son, como tambien que no pare los ovarios segun se ven en los nidos, sino que los construye fuera, aunque dentro del nido. La division de las especies de Tarántulas en cenicientas, estrelladas y ubeas es asimismo arbitraria, siendo cierto que todas recien salidas de los ovarios son manchadas y mucho tiempo despues, y segun crecen los machos mudan su superficie en parda ó color de codorniz, y las hembras en el de la uba tinta ó negra, con otras particularidades dignas de la atencion y exâmen de los curiosos.

Antes de concluir esta memoria falta que ocurrir á un reparo bastante obvio. Se ha asegurado en la referida historia que es imaginaria la division de la Tarántula en las tres dichas especies. De esta asercion es conseqüencia forzosa

que

el veneno de todas sea de una misma especie, y que no obre de distinto modo, ni produzca distintos efectos. Asimismo que se necesite de diversos tonos de música para curarlos. Así es que no se necesita para la curacion de la mordedura de todas las Tarántulas otra que la sonata llamada Tarantéla. La historia del Español que voluntariamente sufrió los mordiscos de dos Tarántulas de distinta especie, y que no se pudo curar con la música por el encuentro de los efectos venenosos que se oponian entre sí, tiene todo el ayre de una fábula mal forjada. Consta por un buen número de observaciones que la mordedura de todo animal de esta casta, sea estrellado, cotúrnico, ó ubeo, se cura con la música de la Tarantéla. Es verdad que por lo comun las que se han visto morder han sido de las ubeas; pero tampoco es de creer que siempre hayan sido las de esta especie. Permítasenos usar de esta frase por solo conformarnos con el comun modo de hablar, aunque no pensemos de ese modo. Todas las curaciones se consiguieron con solo el son de la Tarantéla, y no es de juzgar que siempre fueron ubeas las que mordieron.

Las observaciones y experimentos de algunos curiosos pudieran poner fuera de toda du-

da

da estas reflexîones, si tomadas algunas de distinto color hicieran morder despues de irritadas algun animal como perro ú otro en quien fuera fácil advertir los efectos del veneno y los de la música sobre el mordido. Ya queda prevenido (a) que hay tres ó mas Tarantélas de que usan los Manchegos en la curacion del tarantismo. Todas tres producen unos mismos efectos; pero hay una que por la mayor viveza con que se pulsa el instrumento, los produce mas prontos. Con todo todas las tres sonatas le curan con la diferencia de mas ó ménos tarde, á que contribuye tambien la naturaleza y conjunto de circunstancias del paciente. Del mismo modo aunque se diferencien en la mayor ó menor actividad los venenos de las de distintos colores, lo que es verosímil, la sola sonata y determinada de la Tarantéla seguramente las curará con mas ó menos presteza. Si así no sucediera constantemente, no hubiera dexado de ocurrir algun caso que hubiera acreditado lo contrario. Por lo ménos ignoramos que hasta el dia haya ocurrido, ni verosímilmente es de creer que ocurra.

Re-

(a) Memoria de la voz Tarantéla.

*Relaciones de los Autores que tratan del Tarantismo sobre los efectos que produce el veneno de la Tarántula en el cuerpo humano con la crítica correspondiente.*

El primer Autor de quien tenemos noticia que escribiese de la Tarántula y los efectos de su veneno, es *Ferdinando Epifanio*, célebre Médico, natural de *Mesana* ó *Mesina* en *Otranto*, que escribió por los años de 1500 una obra intitulada: *Observationes & casus Medici*, y se reimprimió varias veces en *Alemania* y *Holanda*, donde refiere varias historias de la Tarántula. Escribió despues *Pedro Andres Matiolo*, natural de *Sena*, el que murió en 1577 dexándonos en sus Comentarios á los seis libros de *Dioscórides* noticia de este insecto. Siguió el P. *Atanasio Kircher* Jesuita de *Fulda* en su *Arte Magnética*, que nació con el siglo diez y siete. A últimos de este escribió *Baglivio* el célebre Tratado ó Disertacion: *De anatome, morsu & effectibus Tarantulæ*: en cuya obra trata con extension de los efectos del veneno tarantulino en el cuerpo humano, y de los de la música su expecífico. Posteriormente *Juan Jonstone*, *Pluche* y otros: los mas por in-

incidencia y no de propósito, á reserva de los referidos *Jonstone* y *Pluche* con *Serao*, Secretario de la Academia de *Nápoles*. Las relaciones de los mas de estos AA. son en el fondo las mismas tomadas unos de otros, no habiendo por sí observado particularidad alguna, y haciendo únicamente oficio de copiantes, trasladando los unos todo lo que encontraban en las relaciones de los que los habian precedido, sin entrar en el penoso trabajo de exâminar por sí lo cierto. Muchos de estos AA. suponian como cosa de hecho los efectos prodigiosos de la música aplicada por remedio á los tarantulados; y algunos con demasiada precipitacion, y sin preceder otro exâmen que el de ser demasiado prodigiosos, los negaban. Es verdad que pudo haber dado motivo á esta ligereza en creer y negar, la falta de oportunidad para ver este animal y tratar tarantados, fiándolo todo al discurso, y mas asegurando *Baglivio* que la Tarántula solamente es venenosa en la Pulla (a): con cuya expresion es verosimil que se desconfiase de hallar ocasion para el exâmen, y cada uno juzgase segun los principios que tuviera adoptados. Me parece que todos erraron.

G Los

(a) Cap. 1. de Tarantula.

Los primeros por haber creido las extravagantes relaciones de unos AA. que las escribieron por tradicion, y como dice muy bien Baglivio (a) *vel ex alienis dictis scripserunt, vel plurima ad advitrium finxerunt.* Los segundos por haber precipitado su juicio creyendo con ligereza que eran falsas por demasiado prodigiosas. La crítica de estos tiempos causa dos efectos contrarios. Hace á los hombres incrédulos y fáciles. Incrédulos á qualquiera novedad que fácilmente no pueda ser exâminada por ellos, y fáciles para fingir quanto en algun modo se acomode con sus máxîmas. Este es el caracter de los bellos espíritus del siglo: negarlo todo sin exâmen, y creer ó fingir á su arbitrio lo que pueda servir á sostener sus ideas. Mr. de *Sauvages*, Médico de *Montpeller*, *Serào*, Secretario de la Academia de *Nápoles*, y los AA. del *Diccionario Portatil de la Salud*, son de la clase de estos espíritus. Niegan pues las historias de los tarantados, asegurando que el Tarantismo ó bayle que causa la música en ellos es fabuloso, fingido, y sostenido por una preocupacion vulgar. Veamos las relaciones de los dichos AA. que trataron del Tarantismo como co-

sa

(a) Eadem Dissertatione.

sa de hecho, y aplicaremos despues nuestra crítica apoyada en las observaciones de nuestros tarantados.

»Los mordidos de la Tarántula, dice *Matiolo*, son de varios modos atormentados: á la »verdad unos cantan continuamente, otros rien, »algunos lloran, vocean otros, duermen unos, »otros por el contrario padecen grandes vigilias: »muchos tienen molestos vómitos, algunos sal»tan: hay quienes sudan, mientras que otros en »las mismas circunstancias constituidos tiemblan: »son algunos acometidos de espantos, y otros de »otras incomodidades, volviéndose semejantes á »los frenéticos, borrachos y locos. Todos estos »síntomas tan varios no provienen de otra causa »que de la varia actividad del veneno de estos »animales, y del temperamento de los mordidos. »Pues hemos visto padecer á los atrabiliarios por »su peculiar temperamento todos los síntomas re»feridos. Aunque no falta quien asegure que se »altera y muda la calidad del veneno de la Ta»rántula por dias y aun por horas: á lo que atri»buyen los varios accidentes de que son insul»tados los envenenados de él. Ví (prosigue el »mismo Autor) mordidos de Tarántula en las »Plazas y Hospitales atormentados de los dichos

»sín-

»síntomas (a).« Como nos hemos propuesto la idea de exâminar por sí los efectos de este veneno comunicado al cuerpo humano sin ser movido por la música, no continúo la relacion. Se executará en capítulo separado quando se trate de los efectos de la música aplicada como remedio á los tarantulados. El mismo método observaremos con las demas relaciones. Por lo comun en las que han hecho hasta ahora se ha confundido el resultado del veneno solo con los efectos de la música en él; y así *Jonstone*, tomando el relato de Kircher confunde ambos efectos, sin distinguir los primeros del simple veneno de los combinados de este y de la música. Nosotros, pues, para proceder con la mayor claridad únicamente al presente haremos relacion de los primeros, dexando para otro lugar el tratar de los segundos.

El dicho *Jonstone*, hablando del veneno de este insecto, dice: »Que en el principio se sien»te poco: que (b) pasado un año precisa á mo»ver el cuerpo con grandes saltos: en el espa»cio de dos meses se pierde el apetito, hay ca»len-

(a) In lib. secundum Dioscoridis, cap. 57 de araneo, p. 223.
(b) Tom. 4 de insect., art. 2 de araneo, punct. 3 de Tarant.

»lenturas ardientes, dolores en las articulaciones,
»y color ictérico::: Comunicado el veneno por
»la mordedura á los humores produce síntomas
»admirables. Unos continuamente corren, otros
»rien, lloran otros, algunos claman, duermen,
»velan, vomitan, saltan, sudan, se espantan. Al-
»gunos se deleytan de tal modo con determina-
»dos colores, que mirados estos caen en desma-
»yo á no conseguirlos. Kircher trae un exemplo
»de esto último.« Pluche en su Espectáculo de
la Naturaleza, tom. 1.° de insectos, pag. 96,
dice, tomado sin duda de *Kircher* ó *Jonstonos*
»La Tarántula se parece bastante á las arañas ca-
»seras, pero su mordedura produce, especialmen-
»te en los paises cálidos, efectos funestos y pro-
»digiosos. Tal vez el veneno no se hace sentir
»desde luego y como de un golpe por ser en can-
»tidad muy pequeña, sino quatro ó cinco meses
»despues que fermenta y causa desórdenes y efec-
»tos espantosos. El que ha sido mordido de este
»animal no hace sino reir y saltar. Danza, se agi-
»ta, y se apodera de él una alegria toda llena
»de extravagancias; ó por el contrario un hu-
»mor triste, melancólico y horrible. A la vuel-
»ta del Estío, en cuyo tiempo habia mordido,
»vuelve tambien la locura, y habla siempre el

»en-

»enfermo unas mismas cosas. El se cree Rey ó »pastor, ó todo lo que se quiera, y en sus ra»zonamientos no guarda consequencia alguna. »Estos molestos síntomas vuelven tal vez mu»chos años seguidos hasta que en fin llegan á »causar la muerte. Los que han viajado por Ita»lia dicen que esta enfermedad tan extravagante »y rara se cura con un remedio que no lo es »menos: este es la música &c.»

*Baglivio* pinta los síntomas del Tarantismo del modo siguiente: »La mordedura de la Ta»rántula se dexa sentir como la de una hormiga »ó abeja. Alguna vez duele la parte mordida, y »otras se pone ó siente adormecida, y con cierto »género de estupor; y por lo comun se tintura »con un círculo morado, negro ó amarillo: ele»vándose poco despues las menos veces en un »tumor doloroso que se desvanece con los de»mas síntomas por la música y uso de los reme»dios. Pocas horas despues de la mordedura sien»ten los enfermos grande angustia de corazon, »grave tristeza; pero primeramente son acometi»dos de mucho mayor dificultad de respirar, se »lamentan con voz congojosa, miran con ojos »turbados, y preguntados qué les duele, ó no »responden, ó señalan puesta la mano en el pe»cho

»cho que el corazon es la parte afligida ó do-
»lorosa. Estos síntomas mas freqüentemente se
»observan en los tarantulados al primer acometi-
»miento de la enfermedad, pero no son perpe-
»tuos y comunes á todos: antes bien ni son pro-
»ducidos por todas las Tarántulas, sino que se-
»gun la naturaleza de cada una, temperamento
»del enfermo, calor mas ó menos activo, los pro-
»duce varios. Observaron, pues, los nuestros que
»las Tarántulas que habitan la parte boreal de la
»*Pulla* son mucho mas crueles; y que los mor-
»didos por ellas son acometidos de mas graves sín-
»tomas, que se alegran mirando varios colores,
»particularmente el rojo, verde y ceruleo &c. pe-
»ro rara vez con el negro; y que si los vestidos
»de los circunstantes son de colores ingratos á
»los tarantulados, es preciso que se retiren de su
»vista; de lo contrario son atormentados con ve-
»hemencia de los referidos males. Los síntomas
»son varios segun la naturaleza de la Tarántu-
»la. La cenicienta causa leve dolor con pica-
»zon, punzante dolor de vientre y diarrhea. La
»estrellada dolor mas agudo y mayor picazon;
»y tambien estupor, pesadez, y dolor de cabeza
»con horror de todo el cuerpo. La ubea, ademas
»de los dichos efectos, causa tumor y fuerte do-
»lor

»lor en la parte mordida; espasmo, rigor y su-
»dor frio universal, privacion de voz, inclina-
»cion á vómito, rigidez del pene y empeyne,
»inflacion de vientre y otros.» Mas abaxo (a) asegura que los mordidos una vez no se curan jamas, como consta con certeza: *Nam semel de-*
*morsi, imposterum non sanantur amplius, ut certo*
*constat* ::: Prosigue el mismo Autor: »Muchos,
»pues, de los tarantulados aman la soledad y se
»deleytan en los sepulcros, y como muertos se
»tienden en la caxa de los difuntos. Arrójanse á
»los pozos como desesperados. Las doncellas y
»mugeres, siendo por otra parte honestas, suel-
»tas las riendas del pudor, suspiran, ahullan,
»executan movimientos indecorosos, descubren
»las partes obscenas, se complacen moviéndose
»estando colgadas. Algunos se revuelven en el
»cieno como los puercos, y se deleytan mucho
»en ello. Otros desean que les azoten en nal-
»gas, carcañales y pies, espalda &c. Otros sien-
»ten alivio corriendo. Acerca de colores tambien
»se observan cosas curiosas. Unos tarantulados se
»deleytan con unos colores: con otros son gra-
»vemente afligidos, y segun el grado de la de-
»pra-

(a) Dissertat. Tarant. cap. 6.

»pravacion de la fantasía, alternativamente ya se »recrean, ya se afligen con la variedad de colores.»

Geofroy hace la descripcion del veneno de la Tarántula comunicado al cuerpo humano (a) en los términos mismos que la hizo *Jonstone* y *Kircher*, por lo que no la propongo; y lo mismo han executado los demas AA. que por incidencia ó de intento trataron de este insecto: unos para ridiculizar semejantes relaciones, y otros para que se admiren tan prodigiosos fenomenos. Las relaciones ni se deben creer sin exâmen, ni declarar fabulosas por demasiado raras y prodigiosas. Todas tienen mucho de verdadero, pero al cubierto de lo cierto es de creer se abrigan algunas patrañas. La narracion de *Matiolo* es falsa en la mayor parte ó están confundidos los fenomenos simples del veneno tarantulino de los que resultan de él en fuerza de la música. Que los mordidos de este animal canten, rian, lloren, voceen, duerman unos y padezcan otros grandes vigilias, tengan vómitos, salten y suden, volviéndose semejantes á los frenéticos, borrachos y locos, hay observaciones que lo comprueban, como se verá en nuestras historias; lo



(a) Cap. de aranea.

que regularmente se atribuye al temperamento del mordido, actividad del veneno, y variedad de Tarántulas. Pues es constante que de la convinacion de estas circunstancias se dexan ver mas unos síntomas que otros. Y así juzgamos que esta narracion, sin embargo de poderse verificar en todos sus hechos, como se ven y se han observado en los inficionados del veneno, no está escrito con el método debido, ni el órden con que se deben colocar los sucesos. Consta sí por las historias, que rien, saltan, baylan y lloran; ¿pero quando? Quando son movidos por la música, y no antes. Mas conforme á la experiencia es la descripcion de *Baglivio*, en los primeros efectos del veneno despues de comunicado al hombre; pero despues se dexa llevar de las relaciones de *Kircher* y otros para acabar su pintura con varios prodigios.

Mas absurda es la de *Jonstono*, diciendo que en los principios se siente poco el efecto del veneno: que pasado un año precisa á mover el cuerpo á grandes saltos: que en el espacio de dos meses se pierde el apetito; y que hay calenturas ardientes, dolores en las articulaciones &c. es contra la observacion y experiencia. Nuestras historias falsificarán estas y semejantes relaciociones. Todas están conformes en que á breve rato de la mordedura se sienten horripilaciones, temblores, dificultad de respirar, opresion de corazon, ansiedad con pequeñez de pulsos, postracion de fuerzas, sudor frio y desmayo, y últimamente privacion de voz. El efecto del veneno de la Tarántula muy desde los principios se dexa sentir y con grande vehemencia y tropel de funestos sintómas, que anuncian muerte próxîma; y particularmente si fuese la ubea, como es la de la *Mancha*. La de las otras dos especies no induce tan terribles efectos. Ya se ha notado en la narracion de *Matiolo* que el reir, cantar, baylar, correr es efecto seguido á la música, y que precisamente no le es del veneno comunicado por la mordedura á los humores. Aun los vómitos son producidos por ella. Así este raro efecto, como el de un cierto género de dilatacion y compresion, originado de la música en la boca superior del estómago, se admirará confirmado con fieles observaciones. No nos determinamos á negar que el simple veneno tarantulino, sin ser agitado por la música, no pervierta la fantasia, y consiguientemente transtorne la razon. Es muy verosimil que siendo el veneno tan activo, como se infiere de los terriribles efectos que produce al inducir en la máquina tal transtorno, le toque parte de él al sensorio comun, y desquicie de algun modo ó altere la parte donde principalmente exerce la alma sus funciones. No es esto á lo que nos quieren persuadir con estas relaciones. Pues bien se dexa conocer que en un tropel tan furioso de síntomas brevemente seguido á la introduccion del veneno, alguna parte le ha de tocar al celebro. Si no que el veneno tiene cierta particularidad, que comunicado á los humores los altera, y estos al celebro causando delirio de determinada naturaleza, como es el deleytarse con los colores encarnado, verde, azul y otros; y ser molestados con el negro. Para asentir á esto son necesarias algunas mas historias que las que refiere *Baglivio*. De las ocho que trae este Autor, la primera en que bayló la mordida, nada concluye; porque se ignoró si fue escorpion ó Tarántula el que mordió. Mas verosimil es que fuese el primero, porque se ensayaron varias sonatas antes de encontrar con la que la chocó y movió á baylar. La tercera y quarta son de picadura de alacrán de la que murieron los enfermos á breve tiempo, sin embargo que les deleytaba la música y bayle. Igualmente la quin-

ta

ta es del mismo animal en la que se experimentó la eficacia de la virtud de la piedra de la serpiente ó piedra indica con felíz suceso. La séptima es tomada de las observaciones de *Epifanio Ferdinando*, á quien no se debe asentir sobre el particular de los colores, hojas de vid, inmersion en el agua que apetecen los tarantados; porque como primer Escritor de tan singulares observaciones se dexaría llevar ligeramente de la mas mínima vagatela que hicieran ó dixeran los enfermos; y consiguientemente las introduciría en las historias como efectos del veneno. La octava no contiene cosa sobre el particular. Con que únicamente quedan la segunda y la sexta. En aquella no se hace mencion de que la envenenada se alegrase con ramas de vides, ni se complaciese con algunos colores, y la inmersion en el agua. En esta sí es de notar que quando el tarantulado baylaba estimulado por la música, llevaba en las manos hojas de cañas y parras rociadas con agua. Con todo, aunque no asentimos á estos hechos, tampoco los debemos negar absolutamente por solo no haberse observado en nuestras historias. No es lo mismo no observarse este ó el otro hecho, que no haber aparecido. Muchas veces aparecen y no se

ad-

advierten. Otras falta oportunidad para que se manifiesten como, v. gr. en el caso en qüestion no tener presente el tarantulado las ramas de las parras &c. Aunque se hubiera de complacer con ellas ó con otras cosas, si no las ve no se moverá á buscarlas ó pedirlas. Acaso si es cierto que determinados colores les alegran, el verde de las hojas y no las hojas por su disposicion les recrearán. Algo dá á entender el Doctor *Martinez Villascusa* en carta que recibí con fecha de 15 de *Febrero* de este año de 83. »Tambien »se me informó por alguno de los testigos de vista, »que he tenido la fortuna de exâminar, que nues»tros tarantulados manifiestan alguna alegría y ali»vio en los síntomas que padecen con la simple »vista de objetos muy encarnados y alegres.« Concluimos, pues, que aunque no precipitemos nuestro juicio creyendo tan admirables particularidades, no debemos tampoco absolutamente negarlas porque no podamos entender sus fenomenos. Quién sabe, cómo ni de qué modo se altera la atrabilis, ó sea qualquiera otro humor; el quándo causa la licantropia, cinantropia y otros particulares delirios. ¿Cómo se vician los humores espermáticos en la nimphomania? Y mas al intento: ¿cómo el veneno hydrofóvi-

co

co produce tan raros y espantosos males?

Queda prevenido que el Abad *Pluche* tomó su relacion de la Tarántula del *Padre Kircher* ó del Médico *Jonstono*, pues en nada varían las expresiones; y así la crítica hecha á estas se puede aplicar á aquella. Es contrario á la observacion que el veneno de este animal comunicado al hombre por la mordedura no produzca prontos y terribles efectos sino quatro ó cinco meses despues que fermenta. No es este veneno de la naturaleza del hydrofóvico, que tarda meses y aun años en fermentar y comunicarse á los humores. Son muy breves sus resultas, y algunas veces tanto que causa admiracion al observar que á breve espacio de haber sentido la mordedura se pone estuporosa la parte mordida, siguen inmediatamente horripilaciones por todo el cuerpo, frio universal, ansiedad, congojas &c. y esto tan instantaneo que parece se va á morir el envenenado. Del mismo modo las historias de los tarantulados convencen de falso el que estos en los principios de su atarantamento rian, canten, baylen &c. sin haber antes oido la música. Puede juzgarse por igual razon, que sin haber precedido esta no se apodere de ellos tam-

po-

poco una singular alegría llena de extravagancias. No juzgamos así del humor triste, melancólico y horrible, constando por un buen número de observaciones que algunos de los que al parecer estaban curados con la música quedaron tristes, amaban la soledad, huían de las concurrencias, y siempre andaban pensativos y cabizbajos. Aun es menos cierto que los síntomas, aunque se permita que tal vez vuelvan muchos años seguidos, que en fin causan la muerte. Por las muchas noticias que de tarantados he adquirido, aun no ha llegado una de que haya muerto alguno de estos, con tal de que se haya usado en tiempo de la música correspondiente.

La pintura de *Baglivio* perfectamente adequa con la que resulta de las observaciones del tarantismo Manchegó. A la verdad no podia dexar de ser siendo el clíma de la *Mancha* tan semejante al de la *Pulla*, y la mas freqüente Tarántula, que se cria en las dos regiones, la ubea. Todos los síntomas que refiere el expresado Autor, seguidos á la primera impresion del veneno, se hán observado en los tarantulados Manchegos. Haráse demonstrable con las historias. Pero no es

tan

tan cierta, ó por mejor decir es absolutamente falsa la asertiva; que una vez mordidos por la Tarántula, jamas se curan, aunque haya ocurrido caso ó casos tal vez en que no convalecieron perfectamente, habiendo quedado tristes melancólicos é ictéricos. Por lo tocante al último trozo de su relacion, sobre la depravacion del juicio deleytándose con cosas fúnebres de mortuorio, arrojarse á los pozos como desesperados, executar movimientos indecorosos, descubrir las partes obscenas &c. ó corresponde á los secundarios efectos excitados por la música; ó á no haber causado esta los regulares por haberla usado tarde. Sucede alguna vez que aplicada la música como remedio á los verdaderamente tarantulados, no produce efecto de consideracion, aunque se advierta alguno; pero no el suficiente para libertar á los humores de la impresion del veneno, que causó en ellos por no haberse usado en tiempo del remedio.

*Relaciones de los secundarios efectos del veneno tarantulino en el cuerpo humano seguidos á la música.*

Sigue su relacion *Matiolo* (a) de este modo: »Es »de admirar á la verdad con que facilidad cor»rija la música la fuerza de este veneno. Algu»na vez, como puedo atestiguar, al primer gol»pe de instrumentos de cuerda ó son de las chi»rimias, repentinamente los tales envenenados ó »mordidos de Tarántulas, estando congojosos y »doloridos, cesan en sus ayes y quexas, y em»piezan á saltar y baylar, y siguen el bayle co»mo sanos, y que no padecieran dolor alguno. »Pero si aconteciese que el músico ó por des»cansar ó por otro motivo hace alguna pausa, »al punto caen desmayados en tierra, y vuelven »á padecer las mismas fatigas, opresion de cora»zon &c. que antes de la música; á no ser que »sin dexar de tocar bayle hasta que enteramente »se haya disipado el veneno por sudor ó insen»sible transpiracion. Por esto, pues, son condu»cidos ó asalariados los músicos, para que mien»tras

(a) Eodem loco.

»tras tañen unos descansen otros; y el enfermo »no dexe el baylar hasta estar curado totalmen»te.« Hasta aquí Matiolo.

Veamos lo que dice Jonstono copiado de Kircher sobre los referidos sucesos (a). »Otros es»timulados de la música prorrumpen en saltos, »llevando espada desnuda ó alguna armadura lu»cida ó resplandeciente, con cuyas brillanteces »se complacen mucho, y con varios movimien»tos del cuerpo, y gestos totalmente ridículos »la toman ya en la mano derecha, ya en la iz»quierda, ya en la boca: unas veces arrojada al »alto la cogen con destreza como los maestros »de esgrima: otras poniéndola en tierra la le»vantan con el ceremonial de esgrimidor que va »á batallar, como se acostumbra en los juegos »públicos de esta arte. Alguna vez como mor»mullan con ciertas palabras la encantan, po»niéndose tendidos sobre ella boca arriba ó bo»ca abaxo; y estando así extendidos por algun »tiempo, como que han sido tocados de nuevo »entusiasmo, suelen volver á sus nuevos duelos »y brincos á manera de rabiosos ó furiosos. Otros »(lo que es digno de admiracion) jamas suelen »des-

(a) Loco citato.

»descansar, si no llevan en las manos un vaso de
»vidrio lleno de agua, con el que hacen los mis-
»mos gestos que los esgrimidores. Hay quienes
»con ansia desean ver en mitad del corro ó en
»medio del bayle conchas llenas de agua, rodea-
»das de verdes yervas, particularmente de hojas
»de cañas, que les deleytan mucho, como tam-
»bien la agua, en que suelen meterse con bra-
»zos, manos y cabeza: no de otro modo que se
»sumergen los ánades quando baten las aguas
»con las alas. Verás tambien á algunos, no sin
»reir, figurados soldados que se aquexan en la
»batalla: á otros remedar á los borrachos; y á
»otros sin saber á quién dirigen su discurso ha-
»blan en español con frases pomposas y llenas de
»magestad. Se han visto tambien algunos colga-
»dos de ramas de árboles, cabeza abaxo, pen-
»dientes de las piernas, con cuya situacion están
»alegres. Este fenomeno se observa principalmen-
»te en los mordidos de la Tarántula que texe en
»los árboles. Muchos finalmente, despues que por
»algun tiempo baylaròn, sentándose, golpean tan
»fuertemente las rodillas con las manos, suspi-
»rando y exclamando con tristes quexidos, que
»parezca estar sufriendo alguna grave calamidad.
»Otros tendidos en la tierra, con tal fuerza y ve-
»he-

»hemencia la golpean con pies y manos, que se
»parecen á los epilépticos y lunáticos::: Algu-
»nos, dice *Kircher*, son conmovidos con cierto
»tímpano, atabal, atambor ó panderete, llama-
»do vulgarmente *surdastro*, que se toca por am-
»bos lados con palillos, al que hacen comun-
»mente acompañar la flauta pastoril ó zampoña,
»llamada en italiano: *La zampogna rustica de*
»*pastori.* Otros se recrean con el canto, al que
»acompaña la ruidosa música de trompetas. A los
»delicados se les tocan, vihuelas, cítaras, clavi-
»cordios templados juntamente en un tono. Es
»de admirar que no con qualquiera sonata sino
»con cierto tono se excitan al bayle. Tan lexos
»está de aliviarse el enfermo y sentir alegria con
»la sonata que se le toque, si no es análoga al
»humor del veneno, que por el contrario se le
»aumentan sus fatigas, y manifiesta que le es in-
»cómodo el son, y que miserablemente es por él
»atormentado. Exprésalo bien claramente en sus
»estraños gestos de ojos, boca, manos y pies, con-
»torsion de todo el cuerpo hácia una y otra par-
»te, y otros raros movimientos con los que se
»demuestra quán contraria les sea aquella músi-
»ca, y quánto les aumente su padecer; el que se
»mitiga luego que se toca la música ó harmonía
»pro-

»proporcionada al veneno, y como que salen de
»las tinieblas á la luz con velocísimo movimien-
»to vuelven á saltar como antes, y durará el es-
»pectáculo hasta que se haya disipado con el
»bayle la fuerza del veneno movida en parte y
»sacudida por sudor por este año: y así final-
»mente se pactan treguas por espacio de un año.«
He traducido esta relacion sin sujetarme á la letra del original, porque hubiera salido duro el
castellano á causa de algunas expresiones dificí-
les á traducirse. Pero he procurado conservar el
genuino sentido.

Es muy propio de esta relacion lo que mas
abaxo dice el referido autor: que no solamente
una sonata es opuesta á tal ó tal veneno de esta
particular Tarántula ó aquella, sino que impre-
sos dos ó mas venenos de Tarántulas de diversa
naturaleza, como son, v. gr. la estrellada y ubea
en los humores del cuerpo humano, no es curable esta infeccion por la música; porque aunque se toque la sonata mas acomodada al un veneno, y que este se corrija, el otro toma por
ella mayor actividad; y quando se le proporciona á este su harmonía se exacerba aquel. Y
así entre esta tentativa de sonatas ya de una ya
de otra perece el enfermo ó se le dexa á su ha-
do.

do. Tambien afirma que salta la Tarántula si se toca sonata que conforme á sus humores. Pero que si se juntan varios de estos insectos de particular naturaleza, y concurren músicos á tocar, se observa que con una consonancia saltan algunas y no todas, y con otra otras. Porque no parezca dicho esto por mí arbitrariamente pongo el texto latino. *Contrariari unam* ( harmoniam ) *ratione musicæ alteri Hispanus quidam Tarenti nimis incredulus suo exitio expertus est. Morsibus enim à colore & qualitate diversis ultro acceptis cum remedium quæreret ab uno quidem modulo se ad saltandum sollicitari sensit, sed qui à contrario cohiberetur. Observatum in Civitate Andria Palatio ducali & hoc, bestiolam ad proportionatum humori sonum saltasse. Quod si citharedi in plures incidere nunc heæ, nunc illæ tripudiare pro ratione modulorum comperiuntur.* A su debido tiempo y en lugar correspondiente se exâminará lo cierto de estas historias. Ahora sigamos el hilo de las relaciones.

Continuando *Pluche* la suya, dice: »Los que »han viajado por Italia, en el Reyno de *Nápoles*, »dicen que esta enfermedad tan extravagante y »rara se cura con un remedio que no lo es me»nos: este es la música sola, la qual afirman

»que

»que es quien da alivio al enfermo, y principal-
»mente el son de un instrumento agradable y
»penetrante, qual es el violin, que realmente no
»falta en aquel pais. El músico busca un tono
»que parezca tener alguna proporcion con el tem-
»peramento del enfermo. Prueba muchos tonos
»de estos, y quando halla alguno que le haga im-
»presion al doliente es ya cierta la curativa. Pó-
»nese bien presto á danzar, salta y vuelve á sal-
»tar sin intermision siguiendo siempre el tono y
»cadencia de la música, y continúa hasta que em-
»pieza á sudar. Prosigue, arroja espuma, y se
»libra en fin del veneno que le atormentaba« (a).

Concluyamos con el relato de *Baglivio*. »Los
»mordidos (b) de la Tarántula, dice, poco des-
»pues caen en tierra medio muertos con pérdida
»total de fuerzas y sentidos; alguna vez respiran
»con dificultad, alguna otra suspiran con triste-
»za, por lo comun están postrados sin movimien-
»to y como exânimes. Comienza la música, y
»poco á poco empiezan á mitigarse los dichos
»síntomas, el enfermo empieza á mover los de-
»dos, las manos, despues los pies, y succesiva-
»men-

(a) Espectáculo de la Naturaleza de insectos, tom. 1, p. 96.
(b) Dissertat. Taránt. cap. 9.

»miente los demas miembros: continuando la mú-
»sica se aumenta el movimiento de los miem-
»bros, y si el enfermo está postrado en tierra,
»con gran violencia se pone en pies, empieza á
»saltar, suspira, y padece prodigiosas contorsio-
»nes. Continúa estos fuertes y primeros brincos
»por algunas horas, pero por lo comun por dos
»ó tres. Despues que descansa un poco para re-
»parar las fuerzas y limpiar el sudor, renueva con
»la misma fuerza el bayle; de modo que se cal-
»cula ó computa que emplea cada dia casi doce
»horas en esta danza alternativa. Pero es de ad-
»mirar que no solamente no se debilitan los en-
»fermos con este penoso exercicio de saltar y bay-
»lar con extremo, sino que por él se reaniman,
»vivifican, y quedan despues mas ágiles y fuer-
»tes. Por lo comun empiezan el bayle al amane-
»cer, y le continúan sin intermision hasta cerca
»de las once de la mañana. Les precisa sin em-
»bargo alguna vez descansar, no porque se fati-
»guen, sino porque perciben en los instrumentos
»alguna disonancia, la qual es increible las an-
»gustias de corazon que causa, y los suspiros y
»quexas con que son molestados; y tanto tiem-
»po suspiran y se acongojan hasta que templado
»el instrumento vuelve otra vez á baylar. Es cosa

K »ad-

»admirable que las ignorantes muchachas y los »mas groseros rústicos, que ni aun á la verdad »vieron exquisitos instrumentos, se vuelvan en »el bayle inteligentes artífices y censores de las »disonancias y consonancias.«

»Cerca del medio dia descansan de la mú»sica y bayle, y se recogen á la cama para pro»vocar el sudor. Advocado y limpio se refocilan »con una bebida espirituosa ó caldo ligero, pues »la gran inapetencia que tienen, apenas, ni aun »apenas permite mas alimento. A la una, ó quan»do mas á las dos de la tarde, renuevan el bayle »con el mismo brio; y así le continúan hasta el »anochecer. Métense en la cama, mueven el su»dor, y disipado este toman un caldo. Comun»mente se executa este bayle por quatro dias, ra»ra vez se extiende al sexto.«

»Es incierto el tiempo que se debe saltar; »pues muchos baylan hasta que se libran de to»dos los síntomas; lo que sucede freqüentemen»te despues del tercero ó quarto dia. Quando lle»ga aquel tiempo del año en que fue mordido el »paciente se renuevan los mismos síntomas del »tarantismo; y así los que se descuidan en pre»servarse del insulto por medio de la música y »el bayle, les acomete de repente. En qualquie-

»ra parte que se hallen caen en tierra como si
»fueran tocados de apoplegia, privados de voz,
»y con color denegrido en cara y extremos &c.
»De todo lo qual advertidos los interesados, lla-
»man prontamente los músicos para que toquen.
»Oida la música, poco á poco vuelve en sí el
»enfermo. Mueve primeramente las manos, lue-
»go los pies, y despues todo el cuerpo; se le-
»vanta en pies y bayla segun se ha dicho. Y si,
»como arriba hemos significado, no baylare en
»tiempo oportuno y provocase de este modo el
»sudor, será terriblemente atormentado por to-
»do aquel año de inapetencia, tericia, lassitud
»universal, y de los síntomas ya referidos: los
»que se aumentarán mas y mas si tampoco no
»baylase en los siguientes, hasta que contraiga
»caquexia, hydropesia, y enfermedades incura-
»bles.«

»Generalmente todos los tarantulados en lo
»mas fuerte del bayle suspiran, se quexan mu-
»cho, casi pierden el buen uso de los sentidos
»internos y externos como los borrachos, tratan
»á los presentes y parientes con equivocacion é
»igualdad, y apenas se acuerdan de lo pasado.
»Pero algunos de estos durante el bayle se re-
»crean mucho con ramas de vid ó cañas, y lle-
»ván-

»vándolas en las manos rociadas de agua las ro-
»dean á la cara y cuello, y tambien alguna vez
»meten manos y cara en agua. Gustan otros de
»vestidos encarnados, ó de manejar espadas des-
»nudas. De aquí ha prevalecido la opinion vul-
»gar que los que baylan con hojas de parra ó
»caña han sido mordidos de Tarántula; al con-
»trario los que con espadas desnudas por el ala-
»crán de la *Pulla*; sobre lo qual *fides sit apud*
»*ipsum vulgus*. Otros quando por algun rato des-
»cansan del bayle, cavan la tierra, y llenan de
»agua la cavidad que han hecho, y se complacen
»con extremo revolcándose ó revolviéndose en el
»lodo como los puercos. Finalmente al principio
»del bayle piden alguna vez espadas y baylando
»la esgrimen, alguna vez quieren un espejo, y
»quando en él miran su imagen suspiran fuer-
»temente. Otras veces piden exquisitos vestidos,
»manillas, collares y otros semejantes adornos, los
»reciben con mucha cortesía, y los disponen con
»orden en el circo que baylan, y alternativamen-
»te ya se ponen unos ya otros, y se deleytan con
»ellos quando baylan, segun la variedad de im-
»pulsos que la fantasía depravada mueve interior-
»mente: se recrean con ropas y vestiduras de co-
»lores brillantes, particularmente del rojo, verde

»y

»y de color encendido ó de llama; por el con-
»trario aborrecen el negro; á su vista suspiran, y
»acometen á los presentes vestidos del dicho co-
»lor, y mandan que se retiren de su presencia.«

»Así como (prosigue el Autor) hay Tarán-
»tulas (a) de distinta magnitud, color, y vene-
»nosidad, así tambien los tarantulados son esti-
»mulados al bayle y recreados por diversas sona-
»tas, segun que hayan sido mordidos por esta
»ó la otra especie de Tarántulas, no tan sola-
»mente cada uno de los pacientes se deleytan y
»mueven al bayle por una particular sonata, si-
»no que tambien les excita determinado instru-
»mento con preferencia de los demas. Unos con
»la flauta de los pastores, otros con tamborcillo,
»vihuela, harpa, clavicordio, y con varias trom-
»petas. De aquí se infiere lo curioso que es ob-
»servar que alguna vez tocan los músicos tres
»ó quatro distintas sonatas, con todo los en-
»fermos no dan señal la mas mínima de como-
»cion; pero quando tocan otra diversa, y aca-
»so proporcionada al veneno, al instante suspiran
»y empiezan á baylar con fuerza. Pero solamen-
»te es esto cierto, que los pacientes, aunque
»ca-

(a) Cap. 10.

»cada uno se deleyte con su particular sonata;
»con todo todos gustan de un tono de música
»veloz, qual es el de la *Tarantéla*. Por esto sa-
»bidores de ello los músicos con facilidad sue-
»len descubrir el engaño de las mugeres; pues si
»ven una muger que se arroja á baylar á qual-
»quiera tono tardo ó veloz que se le toque, de-
»ciden que no está tarantulada, como se halla
»cierto por la experiencia.«

La relacion de *Matiolo* sobre los efectos que
la música produce en nuestros humores alterados por el veneno de la Tarántula es enteramente cierta, y se conforma en un todo con
la que haremos en el capitulo siguiente, dedu-
cida de los casos ocurridos en la España, principalmente en la *Mancha*. ¡Prodigiosos efectos!
raros fenomenos! los que refieren *Kircher* y *Jonstono*. La pasion á las armas y á la esgrima, acciones y compases acertados con que acreditan
su habilidad en esta arte, agilidad con que executan los movimientos, prevencion de avenidas,
reparo de golpes, y estocadas tiradas tan opor-
tunamente, ¿á quién no llenarán de admiracion?
particularmente viendo esto executado acaso por
un hombre ó muchacho que aun ignora que hay
tal arte? No es de menor pasmo la propension

á

á que les incita la música á la agua. Con ella en gran manera se recrean, llevándola en vaso de vidrio ó en ramos de parra ó cañas, y metiendo cabeza y manos, con lo que sienten un grande alivio. Si creemos las historias de *Baglivio* es preciso confesar que hay cierto veneno (a), como el de el escorpion de Pulla, y aun la Tarántula (b) del mismo país, que comunicado al cuerpo humano, y agitado con determinada música transtorna la fantasía produciendo un vehemente deseo á la esgrima y pericia en tal arte. Del mismo modo nos hallamos en la necesidad de creer lo del agua, espejo, ceromonias de encantos con la espada, contento de estar colgados de los pies, y otros extravagantes caprichos. Parece increible, pero verdaderamente no lo es. De buena fé confesamos que parece duro asentir á tales extravagancias, y que los críticos del Dia Ilustrado las rien, despreciando con mofa á los que las creen. Pero valga la razon. Hablamos con los Físicos. Saben, pues, estos profesores quantos son los incomprehensibles fenomenos que se admiran en la extension de su facultad. Sin embargo, aunque no comprehendan aquellas raras pro-

(a) Historia 4, cap. 11, et histor. 3. (b) Eadem dissertatione.

producciones de la naturaleza, y como se gobierne en su modo y orden de executarlas, están en la precisa obligacion de creerlos. ¿Quién será tan ciego que niegue los de la electricidad por la sola y débil razon de no poderla explicar? Lo mismo se debe notar de la virtud atractiva del imán, el fluxo y refluxo del mar, ríos y fuentes, y de otros que exceden nuestra comprehension. ¿Pues por qué no se niegan? Porque son cosas de hechos, efectos constantes de la naturaleza, y sujetos á nuestros sentidos; y lo que es mas porque son diarios, y algunos de ellos se pueden repetir y ver á nuestra voluntad. Casi se podia asegurar, que si se vieran los admirables sucesos del tarantismo con la freqüencia de los de la máquina eléctrica ó del fluxo y refluxo del oceano, no se dudára de ellos. Mejor dirémos si los portentosos efectos del fluxo de las aguas y de la referida máquina fueran algo raros ó no tan freqüentes, sin duda que se despreciáran por fabulosos. No tenemos dificultad en creer este monton de prodigios de los tarantulados en ciertas y determinadas circunstancias; y nos parece que tampoco la deben tener quienes con alguna reflexîon hayan leido varias historias Fisico-Médicas, donde en cada linea se encuencuentran muchos prodigios que admirar, y por eso no se niegan.

Supuesto, pues, que el dicho veneno mezclado con los humores del hombre, y agitado en cierto modo pervierte la fantasía, es de juzgar que se exciten ideas análogas al veneno y á la disposicion de humores del envenenado, y de esta complicacion de causas resulten los extravagantes delirios. La práctica médica presenta cada dia casos de esta naturaleza. No hay mas que leer los AA. que con alguna extension traten del delirio, y se encontrarán tales extravagancias mezcladas con un cierto primor ó perfeccion de lo que se dice ó executa, que pasma. Ví en el año de 55 un joven de 22 años, texedor de lienzo, hombre rústico y sin educacion, componer todo género de versos bien ordenados padeciendo una parafrenitis, sin que en estado de salud ni aun pensase en hacer alguno, ni tampoco habia manifestado genio particular. Wansvvieten refiere delirios bastante estraños. De uno dice que profetizaba (lo que no es muy raro acontecer en los que están próxîmos á morir). De otro que siendo rústico hablaba en griego ó en latin. Y finalmente de otro que estando delirando hablaba en cadencia con la mayor perfec-



cion.

cion. Cómo acontezcan estos prodigios, á la verdad es dificil averiguar. Pero así como los dichos no contienen ni aun inverosimilitud, y por consiguiente se pueden creer sin exceder los límites de la verdadera crítica, tambien el pasmoso de la pasion á las armas y pericia en la esgrima. En el idiota texedor de nuestro caso sin duda que se alteró ó vició de un modo particular aquella parte del celebro donde el alma exerce sus principales funciones. Es cierto que en todo delirio se altera con modo especial el órgano ó máquina que sirve de representar al alma los objetos, hora sea el sensorio comun, ó qualquiera otra. De la diversidad de afectarse el órgano resulta la diferencia de delirios. Y así como son diversos los modos de viciarse, son tambien distintos los delirios. De un modo se altera con la atrabilis, de otro con la masa prolífica irritada; de otro con el veneno del perro rabioso; de otro con el del alacrán de la Pulla; y ultimamente de otro con el veneno tarantulino, siguiéndose de la distinta alteracion; ya la manía melancólica, la nimphomania, la hydrofobia, y ya el tarantismo. Pues si esto es constante no concebimos dificultad en creer que alterados de un modo particular los humores, y

por

por la misma razon viciada la orgánica estructura del sensorio comun, ó de la parte qualquiera que sea, donde se forman las ideas de los objetos, resulte el extravagante delirio de representarse el enfermo diestro en la esgrima, y en efecto manejar la espada como el mas hábil maestro del arte. En casi todas las observaciones de los tarantulados á que se aplica la música por remedio se ve con admiracion el arreglado compaseo que observa el enfermo en el bayle, y exquisito conocimiento de las disonancias, tanto que si de intento ó por descuido el músico diese algunos golpes falsos, ó mudase de sonata, dexa el baylar, padece mucho, y tal vez exânime cae si no le sostienen. Esto se cree porque es obvio; ¿pues por qué no se ha de creer lo de la esgrima por ser raro? El bayle requiere ligereza y habilidad para seguir el compas, é igualmente la esgrima velocidad y destreza en el manejo de la espada. Solo hay la diferencia que la habilidad en el bayle depende en la mayor parte del manejo de los pies, y en la esgrima del brazo; porque la velocidad del cuerpo es tan necesaria en uno como en otro arte. El caso del *Ceporro* (a) nos

(a) Historia 2.

nos pone fuera de la dificultad de que alguno replique: el bayle es muy usado, y tanto que por naturaleza tenemos á él inclinacion, como se observa en los niños, que para celebrar sus travesuras y engaños que hacen unos á otros, lo executan brincando y haciendo cabriolas, lo que no sucede con la esgrima. Permítase que así sea; pero para nuestro *Ceporro* tan estraño era el uno como el otro arte. Refiérese en su historia que le dieron el mote de *Ceporro* por lo tardo de sus movimientos, torpeza de acciones, y pesadez de cuerpo. Prueba de ello, y de que carecia de la natural propension al bayle, es, que sin embargo de haber sido casado dos veces, no bayló en ninguna de sus dos bodas; ni tampoco se verificó que lo hubiese executado en otra alguna ocasion en su vida.

Aun podemos discurrir con mas sólidos fundamentos sobre la seguridad de lo cierto que es el que se deleyten con el agua metiendo en ella cabeza y manos, y llevandola en las manos. La hydrofobia no es otra cosa que una aversion ó repugnancia que tienen los enfermos á todo líquido, y particularmente á la agua como liquido transparente. La causa de esta enfermedad es un veneno de particular naturaleza que dispone á los lí-

líquidos y sólidos de tal modo, que no pueden ser estos tocados sin que se convelan, contraigan, y como que hacen amagos de resistirse á que se les acerquen. Vista la agua por el hydrófovo se convele, rechina, extremamente se agita y mete la cabeza debaxo de la ropa, ó se la cubre con precipitacion para huir su vista. Aunque no la vea, si esta le tocase la lengua ó labios, sucede lo mismo. Luego si inconcusamente se da por cierto que hay un veneno que es el del perro rabioso, que comunicado al hombre le causa ademas de otros síntomas el principal de la aversion á todo líquido transparente, especialmente á la agua; ¿por qué no se dará otro ú otros el de la Tarántula y escorpion que junto con otros síntomas produzca el de recrearse con ella? Si hay disposicion en un sugeto para que en ciertas circunstancias aborrezca un objeto, la habrá tambien para que en opuestas le ame. Y así es muy verosimil que la relacion sobre los efectos del agua, hojas de caña y parra y espejo sea cierta, aunque no sean tan freqüentes como las particularidades del bayle y otros fenomenos; juzgando que se complacen en manejar no por ser precisamente hojas de vid ó caña, sino por el color verde con que tanto se deleytan, y respecto del es-

espejo por lo que resplandece. La situacion péndula que toman algunos colgándose de las piernas cabeza abaxo, y con que tanto se recrean los mordidos de la araña ó Tarántula que hace su tela en los árboles, es fenomeno bastante singular; pero no es tan estraño como parece. Asi como el compage y determinada idiosincrasia de los humores de este insecto conmovidos por la música hacen mover baylando todo el cuerpo; por cuya razon comunicado su veneno al humano produce en este los mismos efectos la música. Del mismo modo habiendo alguna Tarántula que por su particular idiosincrasia haga su tela en los árboles, de cuyos hilos se cuelga, ó bien sea araña con idiosincrasia de Tarántula; ¿por qué no será muy creible que el humor natural de este animal inclinándole á hilar y colgarse de los árboles de las garras, este mismo humor ó ya sea veneno comunicado al cuerpo humano produzca semejantes efectos? Si es cierto que la Tarántula bayla al son de la Tarantéla (lo que procuraremos averiguar en mejor ocasion) tenemos mas que suficiente prueba para creer que este humor tarantulino naturalmente es irritado ó movido por determinada música á saltar donde quiera que resida, sea en los vasos de

su

su generacion ó en otro cuerpo á quien se haya comunicado, con tal que sea viviente.

En el supuesto, pues, de que hay á lo menos tres especies de Tarántulas distintas no solamente en el color, sino en la calidad y actividad del veneno, causando diversos efectos por sí solo ó irritado por la música, no se debe dar lugar á la duda de que una harmonia se oponga á otra. Es constante que la Tarantéla excita á que los mordidos de la ubea hagan varios movimientos, salten y baylen. Hay observacion (a) en que se vió que, por el contrario, el tarantulado, acaso mordido por distinta de la ubea, sentia alivio en sus dolores y congojas con la sonata llamada la *cadena*, que hace una modulacion mas suave. Si por exemplo fuese uno mordido por distintas Tarántulas, la una ubea y la otra estrellada, correspondiendo á cada veneno distinta sonata, á la ubea la tarantéla veloz y aguda, y la cadena que es suave, grave y pausada al veneno de la estrellada, quando se tocase la una, el veneno con quien no tenga proporcion continuará en obrar hasta el último estrago. Bien puede que en sí no se contrarien los dos venenos. Basta que el

(a) Bagliv. eadem Dissertat. histor. 7.

el uno de ellos continúe produciendo sus funestos efectos, que impidan al enfermo determinarse á baylar, aunque sienta algun impulso á ello. Estas dificultades las habia de decidir la experiencia, pero mientras esta falte no debe juzgarse crédulo á quien tal crea, fundado en las razones y algunas observaciones que aunque no sean concluyentes, á lo menos las refuerzan. Concluiria con toda certeza el caso del incrédulo español que refiere *Kircher*, el que pagó con la muerte su temeridad, exponiéndose á experimentar en sí las fatales resultas de dos venenos, ó entre sí contrarios, ó cuya actividad se domaba con contrarios remedios. Dícese contrarios remedios no porque una sonata sea verdaderamente contraria á otra ó se oponga, sino con respecto al sugeto en quien obra. Pero semejante historia necesita de otras que la confirmen: en cuyo caso no se debia dudar ella. Procuraremos así executarlo á mejor tiempo, como tambien observar con escrupulosidad el bayle de las distintas Tarántulas, lo que si se verificára cierto daba gran peso á la referida historia del incrédulo y temerario español. Con estos caracteres nos marcan los extrangeros. Y para que el caso se hiciese mas creible por verdadero ó falso que fuese se le aplicó á un es-

pa-

pañol. Por ventura ó desgracia habia de ser así para acreditar mas la incredulidad y temeridad de la Nacion.

La relacion de *Pluche* nada tiene de particular sobre lo que queda prevenido en orden á los efectos que produce la música en los envenenados de la Tarántula. Es en todas sus partes conforme á la observacion y relaciones mas verídicas. El violin puede ser instrumento mas acomodado, por ser mas agradable, agudo y penetrante su sonido. En efecto produce mejores y mas prontos efectos que la vihuela. Deberáse, pues, preferir á esta si hubiese proporcion. Así constará de nuestras historias.

*Baglivio* en su descripcion de los efectos del veneno tarantulino seguidos á la música nota puntualmente las mas menudas circunstancias. Débese, pues, tener por una de las mas bellas que se han hecho hasta ahora en el asunto. La mayor parte de lo que contiene se verá confirmado con nuestras historias; y la puntualidad y exâctitud que observó en relacionarlos nos debia poner fuera de la obligacion de no molestar al lector con la nuestra, que acaso no saldrá tan metódica, circunstanciada y exâcta. Pero no nos de-

M behemos desentender de tomarnos el trabajo de hacerla, sacándola en lo posible arreglada á las particularidades de las historias que colocaremos despues en su debido lugar. Ello es cierto que es bellísima la de *Baglivio*, puntual, exâcta, bien circunstanciada, y en su mayor parte conforma perfectamente con lo notado en nuestros casos. Sin embargo se leen en ella algunas expresiones absolutas que se necesitan restringir á determinadas circunstancias. »Quando, dice, llega aquel tiem»po del año en que fue mordido el paciente se »renuevan los síntomas del tarantismo; y así los »que se descuidan en preservarse del insulto por »medio de la música y el bayle, les acomete de »repente &c.« parece querer manifestar que todos los mordidos, aunque curados por la música, son tentados al año del tarantismo. Alguna vez ya ocurre así por no haber usado de la música en tiempo oportuno, y por el tiempo necesario. Muchos tenidos por curados se les abandona, sin que por el continuado sudor seguido al bayle se hubiese enteramente exterminado el veneno. Por poco que de él quede se refermenta, y puesto en movimiento por el calor de la estacion renueva los síntomas. A otros llegó tar-

de

de la música: de modo que aunque se aliviase, y al parecer quedase perfectamente bueno, en realidad no fue así. En estos casos se imprimió el veneno altamente en alguna entraña, y la vició demasiado. Pero si la música no se retarda á la primera impresion del veneno, y se continúa hasta que violente al bayle, queda perfectamente curado el enfermo á pesar del fallo de *Baglivio*, *Kircher* y otros. Es muy cierto que los que no quedan bien curados por lo prevenido arriba, se vuelven ictéricos, tienen inapetencia, floxedad, y contraen caquexias, hydropesías, y enfermedades incurables.

Sobre la perversion de la fantasía, y el recreo que tienen y sienten en manejar ramos de parra y caña rociados con agua y rodearlos á la cara y cuello, gustar de vestidos de exquisito color y adornos brillantes, ya se insinuó la causa que verosimilmente es capaz de producir tales efectos en las reflexîones hechas á la relacion de *Jonstono*. No tenemos observaciones que nos induzcan á afirmar cierto lo que por opinion del vulgo escribe el mencionado autor, que los envenenados por el escorpion ápulo se deleytan manejando y esgrimiendo la espada; y los inficionados por la Tarántula con ramos de parra y

ca-

caña, aunque parezca persuadirlo así sus (a) historias. Entre ellas hay una de mordedura de Tarántula en que se deleytaba baylando con los ramos de caña y vid. Es de desear que los curiosos y aficionados á la historia natural apuren por medio de una exquisita observacion estos raros prodigios hasta colocarlos fuera de los límites de la incertidumbre, para que así tengan mas que admirar los ilustrados del siglo, y humillen su erguida cerviz á estos misterios, pasando de estos á adorar los mas sacrosantos.

*Efectos seguidos á las primeras impresiones del veneno de nuestra Tarántula comunicado por mordedura al cuerpo humano.*

Al ser mordido el hombre por este ponzoñoso insecto siente como una picadura aguda bastante dolorosa, á manera de mordedura de hormiga ó picadura de abeja. Fórmase luego por lo comun en la parte mordida un círculo rojo, morado ó pagizo. Alguna vez no aparece el círculo, viéndose en su lugar una pequeña elevacion ó

(a) Bagliv. in Dissertat. Tarant. histor. 3 & 4, cap. 10. Jonston. de insect. tom. 4, art. 2 de aran, punct. 3 de Tarant.

ó inflamacion de color natural como un tuberculillo á manera de una lenteja. Otras veces ni uno ni otro se advierte. A breve rato se adormece la parte afecta; alguna vez duele con prurito; pero es lo mas freqüente entorpecerse, y comunicarse rápidamente esta torpeza á todo el cuerpo, haciendo manifiesto sensiblemente este efecto un frio rigorífico, que al principio se dexa sentir en las cercanías de la mordedura, y despues se comunica á todo. Síguense ansias, congojas, suma inquietud, dificultad de respirar, opresion de pecho, palpitacion de corazon, retraccion de pulsos, abatimiento de fuerzas, sudores frios, frialdad de extremos, aphonia, síncope, vómitos, dolores agudísimos de vientre, inflamacion de él, ardor de orina, priapismo y cursos irritantes: inmobilidad, torpeza, intercepcion de venas, ó una especie de apoplegia que inclina á catalepsis ó congelacion de espíritus con negrura y turgencia de cara y extremos; y últimamente todos los efectos de un poderoso veneno coagulante. Como muy desde los principios se sienten las opresiones de corazon y congojas, preguntados los enfermos qué tienen, responden que no saben, y aplicando la mano al pecho en ademan de señalar la parte que mas les aflige, suspiran, arorojan tristes ayes, y se quexan doloridamente como que se van á morir. En algunos es tal la inquietud, los vivos dolores de riñones, vientre y vexiga, que echados en tierra se arrastran revolcándose en ella. Es en otros tan pronto el abatimiento de fuerzas, que casi repentinamente caen desmayados en la tierra, á lo que siguen los demas síntomas sus compañeros. Ya se observó alguna vez que conduciéndose en un asno á un tarantulado se aliviaba quando trotaba, y volvian los quexidos y congojas quando caminaba poco á poco. No sentia los efectos del atarantamiento otro quando oia cantar á las golondrinas y á las mugeres. Unos se notan en unos enfermos y otros en otros. Como el que gusten y hallen alivio en su cruel dolencia algunos enfermos mirando objetos cubiertos de colores brillantes, y se quexen mucho de ver el negro y otros lúgubres. La variedad de Tarántulas, la actividad de su respectivo veneno, y la particular idiosincrasia del mordido hacen que reluzcan mas en unos que en otros determinados síntomas: al modo que los produce el veneno hydrofóvico con respecto á su actividad, mayor copia y disposicion del mordido, obrando en unos prontamente, y tardando mucho tiempo á refermentar en otros.

Se

Se tiene observado que si en el tarantulado obra con toda su fuerza el veneno, no cede este sino á la eficacia de la música. Solo este remedio es el que merece nombre de tal, pues á su energia rinde su poder aquel veneno. Todos los demas que pasan plazas de alexifármacos, y de contravenenos, no tienen virtud opuesta á este tóxico, y si se disponen por los Médicos, se funda en la regla general de ser antimalignos: pero á la verdad no se descubren en ellos para este determinado veneno eficacia para destruirle. El alkali volátil fluido ha sido usado de algunos Médicos, como lo anunció la Gazeta en el año de 79 ú 80, y por carta de D. *Antonio Martinez Huete*, Médico del *Moral* de *Calatrava*, con fecha de 26 de *Diciembre* del año pasado de 82, es de creer que sus efectos fueron equívocos, atribuyéndole mas virtud que la que verdaderamente produxo. Por lo menos se puede esto ciertamente asegurar en el último caso, como se hará manifiesto en las reflexîones que haremos á la tal historia. No habiéndose, pues, hasta el dia descubierto otro remedio que la música, veamos qué efectos causa.

*Efec-*

## *Efectos de la música en los tarantulados.*

La música ó es de instrumento ó de voz: de instrumentos acordes, ó de voces arregladas, ó de uno y otro. De qualquiera modo que se haga la música, de voz ó instrumentos, con tal que la sonata sea proporcionada al veneno, cura el tarantismo, aunque el enfermo parezca en el último extremo. La guitarra y el violin son los mas ordinarios; pero es de creer que todos los instrumentos, aun los mas groseros, quales son la zampoña ó flauta pastoril, zambomba, rabel, &c, hagan los mismos efectos si con ellos se tocase el son de la Tarantéla ú otro analogo al veneno. Las chirimias, dulzaynas, y otros de ayre que forman un sonido agudo y penetrante, como el clarin, clarinete &c, sin duda los causarán mas prontos. Y sería acertado experimentarles; pues hay fundamento para sospechar que encontrada la sonata acomodada se conseguiria muy en breve la curacion. Cada uno nota en sí al oir alguno de los dichos instrumentos particularmente ciertas sonatas, una comocion interior, y cierto estímulo á moverse interiormente y dirigirse á obrar sin libertad con determinacion

al

al objeto de la música. No solamente cada qual lo siente en su interior, sino que damos evidentes señales en el semblante y lo demas del cuerpo de las pasiones que nos excita. Si la pasion es amatoria, se entrevee por el semblante que la alma, si está presente el objeto, está complacida, manifestando su afecto en el mirar blando y alhagüeño, los ojos brillan con cierta alegria, se mueven de un modo particular, la frente despejada, un sonriso dulce y atractivo, y el color vivo y mas claro que en lo natural. Si fuese odiosa, por el contrario, se pone pálido el semblante, el cuerpo padece horripilaciones, tiembla el labio inferior y todo el cuerpo, se eriza la frente, se encrespan lós cabellos, y finalmente los ojos con su agitacion continua muestran bien que se halla extremamente agitada la alma y combatida de varias idéas. No es esto lo mas, sino que hasta las bestias son sensibles á la música. ¿Qué es ver un caballo, al oír el penetrante sonido del clarin, enfurecerse, relinchar, calcitrar, significando estar pronto á la marcha ó combate? Muchos perros oyendo el agudo sonido de algunas campanas ahullan, como quexándose de que les es aquel sonido horrisono y muy molesto. Lo que la música causa cada uno lo sabe por sí

 mis-

mismo. Entónces se sabria bien quando la modestia no sofocara al tiempo de nacer las pasiones; ó los niños nos explicaran quánto les complace, y de qué modo: bien que ya nos lo manifiestan en sus operaciones brincando y baylando sin libertad. El violin es instrumento bastante comun, del que se podia usar con mejor efecto que de la vihuela. Es su sonido mas vivo y penetrante, y de consiguiente mas eficaz. Efectivamente ya se ha usado con buen suceso en la *Mancha*; y es de esperar que en lo succesivo se use de él con preferencia á la vihuela, si facilmente se pudiese haber á las manos.

Sea el instrumento de cuerda ó ayre, si se toca la Tarantéla comunmente mueve al enfermo; y quando esta sonata no lo hiciese, se deben ensayar varias hasta que se encuentre con la proporcionada al veneno. Entónces el que se veía en la agonia con voz lánguida y desmayada, si acaso la tiene, cubierto de sudor, y falto de fuerzas, suspira con ayes tristes como que se desahoga, empieza á mover los pies, dedos y manos, sintiendo al mismo tiempo alegria y alivio en los síntomas, y despues los demas miembros. Continuada la música, crece el movimiento hasta ponerse en pies, y empieza á baylar con tal fuerza, velocidad y arreglo, que es la

ad-

admiracion de los concurrentes. Auméntase la admiracion viendo baylar con tanta ligereza al que en el momento anterior estaba postrado en tierra, exânime y desmayado, y con tal arreglo al compas, como si fuera el mas diestro maestro de danza. En este estado nota las disonancias, y percibe qualquiera golpe mal dado; y mucho mas si lánguidamente la sigue ó muda de intento de tocata. Suspende el bayle, se quexa lastimosamente, padece varias contorsiones en todo el cuerpo, cae en tierra desmayado si no le sostienen, y encarecidamente ruega que no toquen aquel son, y vuelvan á la Tarantéla. Empezada esta, vuelve á baylar con igual velocidad y compaseo, suda, se pone en la cama, y toma caldo ú otro alimento ligero. Sigue el sudor. Desvanecido éste vuelve al bayle del mismo modo por la música, y se executa lo mismo otra y otra vez, hasta que ya esta no le mueve, creyéndose entonces curado. Si la música llegó á tiempo antes que el veneno se radicase ó altamente se imprimiese en alguna entraña (que quando sucede esto por lo comun es estómago ó corazon) y se acertó con la sonata, es curado brevemente el enfermo en el espacio de quatro dias regularmente, aunque no faltan historias de las nuestras

tras en que se extendió el bayle á mas tiempo para conseguir la curacion. Pero si se ocurrió tarde con la música, acaso no se curará, ó si se curase, no será radicalmente. No se podrá exterminar enteramente el veneno por haberse viciado alguna entraña; en cuyo caso tienen los envenenados todos los años su recidiva. Se hacen tristes, melancólicos, huyen las concurrencias, aman la soledad; y en esta situacion será (si se ha verificado algun caso tal) quando dice *Baglivio* (a) »que muchos aman la soledad, se »deleytan en los sepulcros, y se tienden como »muertos en la caxa de los difuntos. Arrójanse »á los pozos como desesperados &c« En este estado de tarantismo se observan los efectos de un veneno que obra con lentitud, disgregando los humores, y disponiendo los órganos á su corrupcion. El transtorno de la razon, la ictericia, caquexia, hidropesía, tumores, cardialgias, y otras enfermedades inumerables que les ocupan, así lo persuaden.

No bien disipado el veneno por alguna de las referidas causas, al año se refermenta y produce los mismos males que al principio. Caen en tier-

(a) Cap. 6, ejusdem Disertationis.

tierra aphónicos, como tocados de apoplexía, exânimes, con color aplomado en cara y extremos, y todo el conjunto de síntomas que se observó en el primer acometimiento. En oyendo la música vuelve poco á poco en sí el enfermo. Empieza á mover pies, manos, y despues todo el cuerpo; se pone en pies y bayla segun se ha dicho. Por mucho que bayle y sude no se extermina ya enteramente el veneno; y así ademas de causar los efectos del tarantismo crónico, ictericia, caquexia, hidropesía, varios apostémas, feas excreciones cutaneas &c., al cumplir el año que fue mordido es acometido de nuevo insulto. Para esta inteligencia es necesario saber que hay dos tarantismos, ó lo que es lo mismo, considerar el atarantamento en dos estados. En el primero quando obra con toda su eficacia el veneno y causa funestos síntomas, es agudo; en el segundo quando obra lentamente, es crónico. Y aun el primer atarantamento se puede subdividir en tarantismo simple y compuesto. El simple únicamente causado por el veneno; el compuesto por éste y la música. No siempre la música produce el bayle. Alguna vez no hizo mas que recrear al enfermo, disipar la tristeza, y calmar á manera de encanto todos los fenomenos morbo-

sos

sos. Otras veces apenas es sensible su efecto. Se notó caso en que no causó otro que el de mover copiosos vómitos, los que constantemente seguian á la música; y tambien alguno que fue tan poco perceptible que solo hacia mover el estómago con un cierto género de dilatacion y contraccion, sin llegará causar vómitos, ni otros movimientos que fueran sensibles. Tambien en estos casos se curaron los atarantados con sola la música, y sin evacuacion.

Lo mismo que se ha dicho de la música de cuerda ó ayre se debe entender de la de voz. El canto de las golondrinas y el de ciertas lavanderas mitigaban y calmaban las fatigas de uno que se creyó tarantulado; y es bastante verosimil que suceda lo mismo con otros cantos.

HIS-

## HISTORIAS DE LOS TARANTISMOS ocurridos en la Mancha, observados y comunicados por los respectivos Médicos de los Pueblos donde sucedieron.

*Las siguientes fueron comunicadas por el Doctor Don Juan Marin, Médico titular de la Villa de Valdepeñas, donde las observó, en carta fecha 20 de Diciembre de 1782.*

### HISTORIA I.

*Manuel Peñasco*, de edad de 36 años, temperamento sanguineo-bilioso, hábito carnoso, sano y robusto, casado, y de oficio albañil, hallándose en el término de esta Villa á distancia de tres leguas, en el sitio llamado *Barranco Roxo*, en compañía de una quadrilla de albañiles, fabricando una casa que llaman de *Martin Basco*, el dia 20 de Agosto de 1768, á la una de la tarde, estando dormido le despertó un recio picotazo (así se explica), que sintió en el lado derecho del cuello; y echando la mano con prontitud y violencia derribó al agresor. Buscóle en el suelo, creyendo que allí estaria, y en este tiem-

tiempo sintió otro igual sobre las costillas falsas anteriores del mismo lado. Registró entre la camisa y carne, y halló una araña de color negro, con figuracion y magnitud de un grano de uva, que sacó y manifestó á los compañeros. Prontamente se sintió con ansias, fatigas, congojas de corazon, torpeza y frialdad universal, tremores, vómitos copiosos, violentos y continuados: de modo que le parecia haber quedado paralítico, y que estaba muy próxîma su muerte. Los compañeros sobresaltados y temerosos no sabian qué partido tomar, si abandonarle á su suerte con desamparo, ó ayudarle hasta ponerle en su casa; pero últimamente prevaleció la humanidad. Pusiéronle en un carro, y le conduxeron á ella. En el camino experimentó los mismos síntomas. Acomodado en la cama reconoció el Cirujano las partes mordidas. En la primera halló una señal encarnada sin elevacion parecida á una mordedura de pulga de la extension de una lenteja. En la segunda no advirtió señal alguno (acaso porque la mayor parte del veneno habia quedado en la primera mordedura. Me hallaba yo ausente en este dia, y el Médico que suplia mi ausencia le recetó una bebida cordial, dieta y todos los Santos Sacramentos. Pasó la siguiente noche

che con los mismos síntomas y alguna soporacion. Al inmediato siguiente dia, como á las nueve de la mañana, le visité, y mandé buscar un músico que supiese tocar aquel son acelerado y familiar á los tarantados, llamado *Tarantéla.* Por fortuna se halló uno que le supiese tañer. Fue con vihuela, y á los primeros golpes abrió los ojos, sintió alegria, empezó á mover brazos y pies, y despues poco á poco todo el cuerpo: últimamente arrojó la ropa de la cama, echóse al suelo, y principió á baylar con mucho arregló, distinguiendo el golpe disonante que por casualidad ó de acuerdo daba el músico. A poco tiempo de este exercicio empezó á sudar copiosamente; y así siguió por espacio de media hora aumentándose por instantes. Se echó en cama, tomó un caldo, y siguió el sudor. Continuóse el bayle mañana y tarde por espacio de once dias, y siempre apareció abundante sudor, y algunas veces vómitos tambien copiosos. Pareció haber quedado aliviado, y tal vez sano; pero despues se observó que no recobraba ni ha recobrado hasta este dia su antigua salud y robustez; antes sí tiene debilidad de estómago, vómitos agrios por las tardes y noches, y tambien que en oyendo por casualidad el referido son, tiene que retirarse precipitadamente ó echar á baylar sin poderse contener.

La araña que mordió á este hombre no parece ser de la casta de la que describe *Baglivio*, sino uno de los falangios llamado por *Aecio Ragio*, y tambien por *Plinio*. *Baglivio* la llama *ubea*; y en efecto es así, porque la configuracion, magnitud y negrura con brillantez son semejantes á un grano de uva negra. Dice, pues, *Aecio*: *Unum* (a) *quidem ex eis rhagium, id est acineum, figura rotundum est, colore vero nigrum acini uvæ nigræ similitudine: unde etiam appellationem accepit: & os quidem juxta ventrem medium habet; pedes vero ex utraque parte quam brevissimos.* Y *Plinio*: *Vocatur & Rhagio acino nigro similis ore minimo sub alvo pedibus brevissimis tanquam imperfectis.* Bien se ve en esto la total semejanza. Por lo que hasta ahora hemos averiguado sobre la especie de Tarántulas es esta la mas comun en España en los territorios donde se cria, particularmente la de la *Mancha*, que parece ser toda ubea. Quando hagamos escrupulosas observaciones con las Tarántulas grandes, acaso podremos con el debido conocimiento determinar es-

(a) In Mathiolo, cap. 57 de araneo.

este punto, y fixar otras curiosidades dignas de la especulacion y atencion de los Naturalistas y Médicos.

## HISTORIA II.

*Joseph Pintado*, de edad de 42 años, temperamento bilioso-sanguíneo, hábito carnoso é hirsuto, sano y robusto, oficio jornalero, casado segunda vez, torpe y pesado en sus movimientos, y por tanto conocido con el mote de *Ceporro*, jamas habia baylado siquiera un instante, ni aun en sus dos bodas. Hallándose, pues, segando en el término de esta Villa, y sitio llamado la *Cabezuela*, heredad de este Convento á distancia como de legua y media, á mitad de Julio del año de 1771, como á las siete de la mañana sintió una fuerte picadura sobre la parte exterior del metacarpo derecho, y sacudiendo el brazo cayó en el suelo una araña de color negro, configuracion y magnitud de un grano de uva. De repente se sintió con ansias, congojas, opresion de pecho y corazon, suma refrigeracion de todo el cuerpo, torpeza y decadencia de fuerzas: de modo que creia morirse brevemente. Los compañeros sobresaltados le ayudaron á venir á casa por su pie. Pero en el camino se dexó caer en

tier-

tierra varias veces revolcándose y diciendo que no podia pasar de allí. Con todo ayudado llegó, aunque con mucha pena, á las once de la mañana. Me avisaron luego; y juzgándole por todo lo referido tarantado, á que se añadia el pulso trémulo, acelerado, freqüente y parvo, y tambien una mancha libida en la parte mordida de la extension de un real de plata (esta duró todo el resto de su vida) le administré una mixtura cardiaca con dieta y bebida suavemente diaforética, y la música y son de Tarantéla. No tardó en llegar músico con vihuela. Empezó á tocar dicho son, y á pocos golpes se arrojó de la cama el enfermo con precipitacion, dió principio al bayle tan arreglado y veloz que parecia ser baylarin de profesion. A poco tiempo sudaba ya copiosamente. Siguió la sonata por media hora, se le acomodó en la cama, y continuó el sudor abundante. Reiterada la música mañana y tarde por espacio de veinte dias siempre se observó el mismo bayle y sudor. Distinguia los golpes falsos ó disonantes, y se quexaba, suspiraba, ó caía quando los percibia; pero volvia á seguir el bayle prontamente si el músico los arreglaba. Era la admiracion de la curiosidad, grande el concurso de gentes á verle, y copiosas las

li-

limosnas que le dexaban. He aquí el motivo de la advertencia de jamas haber baylado ni aun en sus bodas. En este tiempo pareció quedar sano, pero con grande dolor advertí que en ciertos tiempos le repetian los mismos síntomas, principalmente en el Estío: bien que no con tanta violencia; que no recobró su antigua salud y robustez, ni se borró como se ha dicho la mancha, y que deseaba en los nuevos insultos le tañesen la misma sonata. Ultimamente á principios de Julio de este año de 81 hallándose en la Villa del Moral fue asaltado de una grave enfermedad. Pasó allí los quatro primeros dias sin curacion alguna por ser pobre. Traxéronle á esta, me avisaron, y le hallé con fiebre ardiente maligna sumamente coliquativa *per secessum*, lipírico, y con frialdad de todo el cuerpo. Así pasó los siete primeros dias, en que todos los esfuerzos de la facultad no pudieron contener el progreso de dicha enfermedad, manteniéndose en la forma referida, con pulsos baxos, lánguidos y débiles, hasta que en el quince del mes murió tan consunto que apenas le quedó la piel y los huesos. Pereció á los 11 dias de enfermedad.

No dexa de ser reparable que siendo el veneno tarantulino, como generalmente se cree, de de índole coagulante, este hombre haya muerto tan intensamente coliquado. Acaso seria otro veneno etereo de superior naturaleza y actividad el causador de su última enfermedad de índole disolviente. Tambien es digno de notarse que muriese en el mismo mes y casi en el mismo dia en que fue mordido de la Tarántula.

La araña que mordió á *Pintado* fue de la misma especie que la de la historia anterior. Es cosa notable haber durado todo el resto de su vida la mancha morada de la extension de un real de plata causada por la mordedura. Acaso la permanencia de ella indica que no se desalojó del cuerpo el veneno. Nos inclina á pensar de este modo los efectos del bayle, que en los que quedan perfectamente curados se desvanecen todos los síntomas, y juntamente la impresion del cutis por la mordedura. Así consta de las observaciones. Tampoco es menos digno de nota lo que se refiere de este atarantado tener el mote de *Ceporro* por su torpeza y pesados movimientos, no haber baylado en su vida, y con todo tocada la Tarantéla empezó á baylar con tal destreza y velocidad que parecia ser maestro de danza. *Epifanio Ferdinando* refiere una observacion muy semejante en un viejo de 81 años tan débil

bil y extenuado, que no pudiendo andar sin el apoyo del baston, siendo mordido de una Tarántula, oida la música, arrojó el baston, y empezó á baylar y saltar. Dice así: *Refert Epiphanius Ferdinandus* (escribe Senerto (a)) *senem annorum* 81 *adeo debilem ut non nisi scipione innixus ambulare posset, commorsum à Tarantula, audita musica velut capreolum saltasse & tripudiasse: illa enim est &c.* ¡Qué cosa tan graciosa y ridícula! ¡A quién no moveria á risa tal espectáculo! Sin duda que los mayores Catones, y los mas verdaderos Heráclitos hubieran suelto la carcajada al mirarle. Vease la historia del Capuchino por el P. Rodriguez, tom. 5, pag. 42.

## HISTORIA III.

*Pedro Garcia Robledo*, de edad de 21 años, temperamento bilioso-sanguineo, estado soltero, hábito mediocre, robusto y sano, de exercicio jornalero, hallándose segando, á mediado de Julio de 1771, en el término de esta Villa, á distancia de una legua, con calzado de zapatos y polaynas, al medio dia sintió sobre un tobillo una agu-

(a) Epitom. pag. mihi 399, cap. 17, part. 2, lib. 1.

aguda picadura. Llevó la mano con prontitud y violencia á la parte ofendida, y medio deshizo una araña de color negro, configuracion y magnitud de un grano de uva. Luego se sintió con adormecimiento en aquel pie, y poco á poco se extendió en todo el cuerpo. Siguieron ansias, fatigas, congojas y opresion de pecho: bien que no tan intensas como en las historias antecedentes (acaso por estar la parte ofendida distante del corazon). Aunque con mucho trabajo fue conducido al pueblo. Le ordené mixtura cordial, dieta y bebida levemente diaforética, y el son de la Tarantéla. Se le tocó por media hora. No bayló ni sudó, pero tuvo violentos y copiosos vómitos de materiales variegados, así en los colores como en los sabores. Repitióse la sonata por espacio de doce dias, y nunca bayló ni sudó, pero constantemente la música conmovió al estómago hasta el vómito con violencia. Pasado este tiempo al parecer quedó sano siguiendo sus regulares tareas. En este dia asegura que no ha sentido quebranto alguno de salud, ni retoque ó síntoma tarantulino.

De la misma especie que la de la anterior fue la Tarántula que mordió al sugeto de esta historia. El son de la Tarantéla no produxo el re-

gu-

gular efecto del bayle y sudor; pero conmovió el estómago hasta causar violentos y copiosos vómitos de materiales variegados, así en los colores como en los sabores, habiendo sido tan constante este efecto, que quantas veces se repitió la música, que fue por espacio de doce dias, siempre apareció.

## HISTORIA IV.

*Juan Mexia*, de edad de 22 años, temperamento sanguineo bilioso, robusto y sano, de oficio esquilador, hallándose segando en compañia de su padre, término de esta Villa, y sitio llamado la *Casa de Elvira*, el dia 8 de Julio de este presente año de 82, en la noche siguiente, estando durmiendo, como á las horas de las 11, le despertó una recia picadura que sintió sobre un hombro, echó la mano sobre la parte mordida, y tropezó con el insecto que le habia herido. No pudieron reconocerle por la obscuridad de la noche, pero antes de acostarse habian visto muchas arañas al rededor de la cama. Sintió prontamente una cosa que le baxaba por el pecho, (así se explica) despues al vientre, y últimamente á todo el cuerpo: de suerte que en poco

 tiem-

tiempo se halló poseido de un general estupor, torpeza, ansias, congojas y fatigas de corazon revolviéndose en la tierra, y diciendo que se moria por instantes. Su padre acongojado le puso sobre un pollino, y le traxo á casa con mucho trabajo. Cayó tres veces en el camino conmoviéndose como queda prevenido. Luego que llegó á su casa, que seria como á las dos de la mañana, me avisaron. Le ordené bebida cardiaca, que tomó; y á poco rato dixo que se sentia muy aliviado. Mandé tambien la música, que llegó antes del dia. Se le tocó con tiple el son de la tarantéla. No bayló ni sudó ni vomitó. Mandé repetir el toque con vihuela, pero sucedió lo mismo. Despues de mudar de sonatas todas aceleradas se desistió de la música, se prosiguió el cordial, y al siguiente dia dixo que se sentia en todo sano. Siguió sus labores, y en este dia dice no haber sentido decadencia ni novedad alguna en su salud.

Al principio se conceptuó este hombre tarantado, pero despues vistos los efectos se juzgó phalangiado de otra especie menos activa, aunque tambien venenosa, curado por insensible transpiracion, siendo su mancha superficial, y facilmente vencible por la naturaleza. En la

par-

parte mordida no se reconoció señal alguno.

Parece que en este caso no produxo la música el regular efecto del bayle; por lo que su observador el *Dr. Marin* creyó que no habia sido tarantulado, sino mordido de algun phalangio, cuyo veneno menos activo, y acaso distinto del de la verdadera Tarántula, no causa los mismos efectos, ni se cura con el remedio de la música. Si se cotejan los síntomas que inmediatamente se siguieron á la mordedura de la araña con los que son propios efectos de la Tarántula, se verá que son los mismos, y aun parecen mas prontos y activos; pues dice el Historiador: *que prontamente sintió* (el enfermo) *una cosa que le baxaba por el pecho, despues al vientre, y últimamente á todo el cuerpo: de suerte que en poco tiempo &c.* en cuya relacion se notan todos los síntomas mas vehementes y peligrosos de los verdaderamente tarantulados; particularmente la prontitud con que se comunicó el veneno á todo el cuerpo, significada por el enfermo con la expresion de que *prontamente sintió una cosa que le baxaba &c.* Tambien creyó que la música no tuvo parte en el alivio de este envenenado, atribuyendo su curacion á la bebida cardiaca que le prescribió, por la sola débil razon de que no le

mo-

movió á bayle ni á otros movimientos. Estos sin duda que los tuvo, pero ó no fueron muy sensibles, ó si fueron tales no se observaron por los concurrentes preocupados de que precisamente en todo tarantado la música ha de mover bayle; lo que no es cierto, como se confirmará con observaciones en adelante. El efecto constante de ella aplicada en tiempo oportuno es curar los tarantados por medio de los movimientos que imprime en el cuerpo agitando sólidos y líquidos, de lo que se dirá algo al fin de esta obrita; pero no siempre se hacen estos sensibles, y aunque alguna vez hayan sido no se han observado. Pide esta curiosa materia que los Médicos que tengan ocasiones de ver y tratar tarantulados, quando la música de tarantéla ú otras sonatas que ensayaren no les cause el bayle, observen con delicadeza y escrupulosidad qualesquiera otros movimientos. Se sabe por fieles observaciones que la música en muchos, que son los mas, causa el tarantismo ó bayle; en algunos ciertos movimientos de partes determinadas, principalmente de las mas afectas, y en quienes hizo el veneno mas estrago; y en otros solamente una particular alegria y recreacion del ánimo. Haremos evidencia de estos efectos por ulteriores observa-

cio-

ciones. Y así se debe concluir, ó mas bien discurrir que se curó este enfermo con el auxîlio de la música, aunque no se excluia de que contribuyese la bebida cardiaca.

## HISTORIA V.

*Me comunicó esta historia el mismo en carta con fecha de 3 de Enero de 1783.*

*Gerónimo Pinedo*, de edad de 10 años, temperamento sanguineo bilioso, sano, y bien atemperado, pastor de yeguas, como su padre, estando la noche del 2 á 3 de Agosto del año próxîmo pasado de 1782 en el término de esta Villa y sitio llamado la *Aguzadera* acompañando á su padre guardando el ganado, hizo la cama en tierra, echando fuera antes de aquella circunferencia bastantes arañas. Estando dormido, como á las diez le despertó un agudo ahijonazo que sintió en el lado derecho del cuello. Echó la mano y sacudió el insecto, que por la obscuridad y sobresalto no pudo reconocer. Sintióse prontamente con ansias, congojas, opresiones de corazon, dificultad de respirar, alguna frialdad, casi total pérdida de fuerzas, y pareciéndodole que se moria por momentos, ya se revolvia en la tierra, y ya se iba á levantar, pero no podia. El padre en este apuro sospechando de Tarántula abandonó el ganado, y le traxo á caballo. Llegó á casa á las tres de la mañana; me buscaron, y me hallaron en la casa del de la quarta historia. Estaba con los referidos síntomas, el pulso acelerado, desigual, pequeño, entorpecido, é inclinado á sopor. En la parte mordida se registraba una mancha rubicunda de la extension de una lenteja, pero sin elevacion. Juzguéle tarantado, y propiné una mixtura cordial y bebida todo levemente diaforético. Mandé música, que llegó á las nueve. Tocóse el son de tarantéla con vihuela por espacio de media hora. Solamente hizo algunos movimientos con la cabeza, manifestando desagrado, por lo que el músico le dexó. Pero á poco tiempo significó á los familiares que la música le alegraba y parecia que le aliviaba, y que por temor de una caída no se habia arrojado á baylar, pues los pies se le conmovian. Oída esta relacion mandé volver la música. Llegó á las tres de la tarde con vihuela. Se le tañó el dicho son, y á poco rato, de repente, y con precipitacion, se arrojó de la cama, saltó y bayló con tal compas y arreglo, velocicidad y destreza, que admiró á los circunstantes, con la particularidad que advertía los golpes disonantes, quexándose y cayendo si no le sostenian. No tardó en presentarse un copioso sudor. Volvióse á la cama despues de media hora de exercicio, y continuó el sudor por mucho tiempo. Se repitió la música mañana y tarde por doce dias, y siempre bayló con el mismo primor, y sudó, siendo la admiracion de multitud de gentes que acudian, no solo á ver y admirar su arreglado bayle, sí tambien su celeridad y percepcion de disonancias, que alguna vez de acuerdo se interpolaban. En este tiempo habia desaparecido la mancha, cesados todos los síntomas, y parecia hallarse sano, pero se observa en el dia no haber recobrado su antigua salud, y que si se toca el dicho son donde le oiga, sin poderse contener, y llorando, echa á baylar con el mismo arreglo, como sucedió en presencia de los señores Alcaldes, Escribanos de esta Villa, de otras personas, y de mí (dice el Historiador *Marin*), en el mes de Octubre, de que se tomó testimonio, para lo que diré en otra que se continuará.

Lo particular de esta historia consiste en la destreza y arreglado compas del bayle que se notó en este pastorcillo, y en las quejas y suspiros que arrojaba quando el músico de intento ó por descuido falseaba algunos golpes. Causaban estos tal transtorno en la máquina, que habiendo visto en el instante anterior con admiracion los concurrentes la ligereza con que brincaba y baylaba, todo congojoso y débil se caía si no le sostenian. Tampoco es de olvidar lo que se observaba en este muchacho despues de tres meses que habia sido mordido, de no haber recobrado su antigua robustéz, y estar inficionado del veneno. Prueba de ello el no poderse contener sin baylar luego que oye la sonata de la tarantéla, lo que al parecer executa con violencia quando rompe en llorar.

## HISTORIA VI.

*Las historias que se siguen las comunicó el Doctor Don Antonio Martinez Huete, Médico de la Villa del Moral de Calatrava, en carta con fecha de 26 de Diciembre de 1782 como casos allí sucedidos, y por él mismo observados.*

R*amon Ruiz de Flores*, de estado casado, edad 32 años, exercicio pastor, y temperamento sanguineo bilioso estando dormido á la sombra de un olivo en el dia 8 ó 9 de Mayo del año pasado de de 1779, dispertó precipitadamente en virtud de una impresion dolorosa que sintió al lado derecho del cuello, pareciéndole como picadura ó mordedura de algun animalejo. Para cerciorarse registró con el mayor cuidado toda su inmediata circunferencia, y advirtió junto á sí una Tarantéla, sin poder descubrir animal de otra especie, de que infirió era aquella la que le habia herido. El dolor no le era muy molesto; mas esto no obstante se retiró á su casa, y tomó en aquella tarde una poca triaca de su propio motivo. En el principio de la noche se sintió con dolor fuerte al lado siniestro del pecho, tos, dificil respiracion, varias congojas, y alguna calentura, que le produxeron mucha inquietud en toda la noche. Luego por la mañana fuí llamado, y encontré al paciente con todos los señales de verdadera pleuresía; mas en virtud de la relacion de lo ocurrido en la tarde anterior registré la parte mordida, en la que aparecia una leve intumescencia de figura circular y grandor como de un real de plata y de color amoratado; por cuya razon, y advirtiendo que el enfermo estaba con el ánimo muy abatido, ansiedad á la boca superior del estómago, suspiros continuados y bastante inclinado á sopor, le conceptué constitui-

 do

do en un verdadero tarantismo por coincidir todos los síntomas característicos con la historia que de él hacen *Baglivio* y *Lieuthaud*, que son los únicos que tengo que tratan de semejante afecto. Aunque contemplaba como posible que todos los síntomas significativos de la pleuresía podian reconocer por su única causa el veneno de la Tarántula, y que destruido éste por su remedio expecífico todo quedaría en calma. La agudeza del dolor, actividad de calentura, tos molesta y dureza de pulso me hicieron pensar sería mas seguro combatir á un mismo tiempo ambos enemigos. En efecto mandé sangrar al enfermo hasta tres veces en el mismo dia, dieta ténue, remedios antiflogísticos &c. Todo con arreglo á la doctrina del Piquer Sydenaham y el Baron de Wanswieten. Al mismo tiempo se le auxîlió con la música de una guitarra y violin que acordemente seguian la sonata llamada vulgarmente la *Tarantéla*. A pocos minutos de haber oido la música principió á sentirse el paciente muy regocijado, y obligado á mover blandamente los dedos de la mano derecha, que se observó luego inmediatamente en la siniestra: succesivamente se propagó el mismo movimiento involuntario á los pies y piernas, en cuya forma continuaba todo

el

el tiempo que seguia la música. En el instante que esta se suspendia cesaba en el enfermo el referido movimiento, el que no tomó mas incremento que el suficiente para que los circunstantes discerniesen con toda claridad que todo el cuerpo del enfermo se movia al compas de la música observando la mas perfecta concordancia. A las quatro horas de haber principiado la música se sintió bastante acalorado, y en su conseqüencia se manifestó un mador universal, que al fin se convirtió en sudor copioso. Al paso que continuaba el sudor se despejaba mas el doliente; y aunque proseguia el dolor pleurítico, calentura y demas síntomas era con notable remision, ya fuese á beneficio de los remedios antiflogísticos, ya mediante el auxîlio de la música. Se interrumpia esta de quatro en quatro horas por un poco de tiempo para que la naturaleza lograse algun descanso. La noche fue quieta, y al dia siguiente se insistió en el mismo orden de remedios, no omitiendo el de la música, que siempre contemplaba yo de mayor necesidad y eficacia, la qual producia el mismo movimiento involuntario en manos, brazos y miembros inferiores, tan arreglado al compas de la sonata, que no se podia observar la mas mí-

ni-

nima discrepancia. Continuaba el sudor muy abundante, y por la tarde se sentia el doliente casi enteramente libre de todos los accidentes; á cuyo tiempo se observaba que la música no le hacía tanta impresion, pues el movimiento se fue remitiendo de tal modo que al otro dia permanecian todas las partes en perfecta quietud sin embargo de que tocaban los instrumentos. Esto no obstante hasta el dia quatro inclusivé se le tocó á intervalos la misma sonata; y advirtiéndo se hallaba enteramente libre de toda indisposicion se suspendió la música y demas auxîlios. En los años siguientes no se ha notado el mas leve indicio de recidiva, ni otro quebranto en su salud hasta que al principio del próxîmo pasado mes fue invadido de una pleuresía, de que se ha libertado felizmente.

La música produxo en este tarantado no el bayle sino el movimiento en dedos, manos, brazos y pies, y alguna vez en todo el cuerpo de concierto con ella, que es lo mismo que advertirnos en la reflexîon hecha á la historia quarta del *Doctor Marin*.

HIS-

## HISTORIA VII.

*Pedro del Cabo*, de 50 años, labrador de profesion, temperamento bilioso, fue mordido por la Tarántula en el año pasado de 1780 á fines del mes de Junio. Hallándose en el campo, al tiempo de cargar unas mieses sintió en el lado derecho de la region hipogástrica un dolor fuerte, que le pareció producido por picadura de algun animal; mas la obscuridad de la noche impidió certificarse de la verdad. Incontinenti se dirigió á este pueblo sin sentir mas novedad que un dolor obscuro en la parte, inevitable pro pension al sueño, y mucha tristeza. Con este motivo fuí llamado, y en virtud de su informe y presencia de síntomas no dudé era picadura de Tarántula, pues la parte afecta se manifestaba con una ligera inflamacion y de color livido. Mandé le hiciesen sobre ella unas leves escarificaciones, y despues de haber extraido alguna porcion de sangre mediante una ó dos ventosas, se cubrió con un cabezal mojado en el *alkáli volatil fluido*, del que tambien tomó diez gotas en un vasito de agua. Sin pérdida de tiempo se le principió á auxîliar con la música en la misma forma que al anterior. A pocos minutos se notó la

im-

impresion que le ocasionaba, obligándole á mover manos y piernas involuntariamente á compas de la música, ponderando el enfermo la grande recreacion de ánimo que le causaban los instrumentos. Tres horas despues se manifestó el sudor copioso, que continuó todo el dia y noche, en que no se suspendió la música sino por algun rato. Al dia siguiente se desvanecieron todos los síntomas, y de consiguiente el efecto de la música; por lo que no se continuó. Posteriormente no se ha observado indicio de recaida. Murió á fines del proxîmo Otoño de un dolor cólico.

Obró en este tarantado el mismo efecto la música que en el de la historia anterior, moviendo brazos y piernas á compas de la sonata, sin determinarse á saltar ni baylar; pero así en este como en todos los demas induxo grande alegria, que es lo que dexamos ya notado. Las escarafciones hechas sobre la parte mordida, y la ventosa á ellas aplicada es remedio encomendado por los AA. que tratan de las mordeduras de animales venenosos. El alkáli volatil fluido puede ser muy buen remedio, á lo menos por tal le proponen los AA. del Diccionario Portatil de la salud, voz *tarentisme* (a) por el siguiente decir: » El al-

(a) Tom. 2, pag. 439.

»alkáli volatil dado del mismo modo que en la »mordedura de la vívora quizás produciria efec»tos tan sensibles en la picadura de la Tarán»tula. Convidamos á los que estén en disposi»cion de ver y tratar gentes mordidas de la Ta»rántula á que verifiquen este hecho.» Ademas que así lo persuade la razon; porque notándose en esta infeccion todos y los mas terribles síntomas de un poderoso veneno coagulante, en lo que convienen quantos han visto tarantados, siendo el referido alkáli un activo estimulante y eficaz disolviente, es de discurrir que pueda hacer en el tarantismo algunos buenos efectos. Pero á la verdad habiendo acreditado la experiencia por seguro remedio á la música, no dexaria de tocar en imprudencia, por no decir temeridad, quien por tentar con la esperanza poco fundada de su eficacia para el caso en qüestion abandonase la música, y solamente usase del alkáli.

## HISTORIA VIII.

*Dionisio Ramon Peralta*, mozo soltero de 22 años, labrador, y de temperamento melancólico; estando durmiendo en el campo á principios del mes de Julio del presente año de 1782, sintió un un dolor muy agudo sobre la clavícula derecha que le obligó á incorporarse con aceleracion y despertar á los compañeros, á quienes dixo era indispensable que aquel dolor no dimanase de haberle picado algun animal venenoso. Antes que pasase media hora se le adormeció el dolor, pero empezó á notar grande entorpecimiento en todo el cuerpo, nauseas continuadas, y considerable desfallecimiento de ánimo; por lo que le conduxeron á caballo al pueblo en aquella hora que seria como la una de la noche. Luego que amaneció pasé á visitarle, y le hallé propenso al vómito, con un dolor bastante vivo en toda la region del abdomen, mucha tristeza, y demasiada inclinacion al sueño. En cuya atencion, y segun el informe de la primitiva novedad, registré toda la parte alta del lado derecho del pecho, y advertí sobre la clavícula una mancha amoratada que formaba alguna elevacion; por lo que recelé seria mordedura de Tarántula. En esta inteligencia se escarificó la parte, y cubrió con un cabezal mojado en el *alkáli volatil*, del que se le propinaron interiormente diez gotas en un vaso de agua, habiendo hecho beber antes al enfermo una buena porcion tibia, con la que vomitó la misma agua con mezcla de humor bilioso. Parerecia haber calmado los accidentes; pero repentinamente se exacerbó el dolor de vientre, nauseas, y afliccion de ánimo. Considerando la edad juvenil del paciente, que el pulso aparecia duro y fuerte, y los hipocondrios con bastante renitencia, dispuse una sangria copiosa, dieta tenue, mezclándole en el caldo abundancia de aceyte de almendras dulces, y que sin perder tiempo convocasen los músicos para que le tocasen la *Tarantéla*. En el ínterin se le subministraron unos clísteres laxantes que no promovieron evacuacion alguna, ni la habia tenido de vientre ni orina desde que fue mordido. Se le principiaron á poner unturas y fomentos emolientes y anodinos haciéndole beber en cantidad agua con xarave de malvabisco, y un poco de sal prunela. Esto no obstante, y aunque se asistia ya con la música, no cedian los síntomas; por lo que siendo las 11 de la mañana se repitió la sangria, y propinó un vaso de agua con 10 gotas de *alkáli volatil*, onza y media de xarave de malvabisco, y la misma dosis del aceyte de almendras dulces. Antes de media hora se advirtió el enfermo con alivio, y que la música producia ya el efecto de hacer mover indeliberadamente los dedos de la mano derecha. Orinó, aunque con di-

dificultad, y depuso el vientre. Siguió el sacudimiento compaseado de todas las partes del cuerpo. Cesaron los vómitos, y el dolor de vientre quedó mas remiso. A media tarde se observó el cuerpo madoroso; en cuyo estado perseveró toda la noche, que pasó con tranquilidad, aunque durmió poco. En el dia siguiente se continuó la música y demas remedios emolientes y laxantes por resentirse de algun dolor al vientre. Sudó copiosamente hasta el dia tercero, en que principiaron á desaparecer todos los síntomas, y minorarse notablemente el movimiento de las partes inducido por la música, que en el segundo y tercero dia fue de dos guitarras solamente.

Lo singular de esta historia consiste en que asistido desde los principios el enfermo con la música de la Tarantéla no causó efecto alguno, el que se advirtió despues de haber tomado el *alkáli volatil*, moviendo primero los dedos de la mano derecha, y despues el movimiento compaseado de todas las partes del cuerpo. Hay fundamento para juzgar que el *alkáli volatil* con su grande penetrabilidad descoaguló los humores entorpecidos por el veneno, avivó los sólidos, y dispuso el cuerpo á que recibiese las impresiones de la música. Acaso este medicamento no

pro-

produxo tal efecto siendo cierto que alguna vez tarda en obrar la música, como consta de las historias. La prudencia dicta que se use mas bien de la música que del *alkáli*, teniendo la seguridad de su eficacia y del ningun daño que puede ocasionar. Solamente á falta de esta podrá usarse de él, pero no en otro caso. Todos los demas medicamentos que se usaron en este no se oponian directamente al veneno, debiéndose opugnar á todo tóxico con el expecífico, si se hubiere descubierto, como es la música de la Tarantéla para el tarantulino.

## HISTORIA IX.

En este dia tercero, por la tarde, conduxeron á esta Villa otro mancebo, que se nombra *Antonio de Torres*, de 23 años, y temperamento sanguineo, á quien estando durmiendo la meridiana en el campo le habian mordido dos Tarántulas ubeas, que vió él mismo caer de sobre sí al tiempo de incorporarse con aceleracion; y ambas mordeduras las descubrí sobre la escápula derecha, como quatro dedos distantes una de otra, y formaban un pequeño círculo lívido. El paciente estaba soporoso y adolorido de todo el

cuer-

cuerpo, quexándose de que el corazon le tenia muy comprimido, deseando suspirar con libertad. Se le escarificó la parte y aplicó el *alkáli volatil*, dándole diez gotas en un vaso de agua: con lo que aseguró el enfermo se le habia refocilado el espíritu; mas no obstante esto se le auxîlió incontinenti con la música de dos guitarras, que dentro de breve tiempo le hizo el efecto que á los demas. A la media noche se notó que principiaba á sudar copiosamente, y en esta forma prosiguió todo el dia y el siguiente sin propinarle otro remedio que la música y caldo. En este dia, al anochecer, dixo el enfermo que no se podia contener en la cama; y de consiguiente se vistió, cesando la música en el entretanto. Hallándose vestido pidió le volviesen á tocar porque le causaba notable recreacion, y al oirla se incorporó y principió á saltar sobre su derecha formando una linea como de ocho pasos, y por la misma volvia saltando sobre su izquierda. Y así seguia observando con la mayor precision el compás de la tocata, hasta que fatigado y cubierto de sudor se sentaba á descansar pidiendo no tocasen mas por entonces. Pasado un quarto de hora repetia el mismo paso, que fue preciso concederle por otros dos dias, concurriendo á este espectá-

cu-

culo la mayor parte del pueblo, unos de dia, y otros por la noche. Es de notar que en esta especie de bayle no movia ni hacia ademan alguno con brazos ni dedos.

Usó del mismo modo que en los casos anteriores el observador del alkáli volatil y escarificaciones á la parte mordida; pero se acogió pronto al seguro remedio de la música, que causó los efectos que á los anteriores tarantulados de sus observaciones. Fue bastante particular el bayle de este enfermo despues que se vistió. Oida la música empezó á saltar sobre su derecha formando una linea como de ocho pasos, y por la misma volvia saltando sobre su izquierda sin perder el compás de la sonata; y así proseguia en esta especie de bayle no moviendo ni haciendo ademan alguno con brazos ni dedos. Un bayle muy semejante ví en un hijo de un molinero que parecia lunático, y que yo capitulaba por el de San Vito. Daba unos largos pasos, ya adelante, ya hácia atras y á los lados, con precipitacion y fuerza, y no paraba hasta que tropezaba con pared ó algun otro obstáculo donde se detenia.

HIS-

## HISTORIA X.

A causa de sentirse el *Dionisio Ramon Peralta* bastante melancolizado despues de haberle abandonado por contemplarle libre asistió por mi orden á la música que se le hacia al *Antonio de Torres*, no produciéndole á aquel mas que un movimiento de dilatacion y contraccion en toda la boca superior del estómago tan fuerte que se advertia á bastante distancia, el que desapareció en quatro ó cinco veces que concurrió á oir la música, y de consiguiente la tristeza. En el dia siguen ambos con la mayor robustez.

Se procuró (prosigue el *Dr. Huete*) en todos y cada uno de los tarantulados saber si con otra sonata que la acostumbrada, y haciendo la tentativa con la mayor precaucion producia el mismo efecto, lo que no se verificó: contestando los enfermos que conocian inmediatamente la variacion de tocata, no solamente por la cesacion repentina del movimiento involuntario, si tambien por la displicencia que les ocasionaba en el oido. Se observó con toda claridad que acompañada la guitarra con el violin hace una música mas grata y eficaz segun relacion de los pacien-

tes;

tes; y manifestarse mayor movimiento en las partes quando se tocaba el violin que quando lo hacian con una ó dos guitarras solamente. En virtud de la grata recreacion que hán notado los enfermos luego que tomaban el *alkáli volatil fluido* hay fundamento para pensar que en él hay virtud suficiente para la aniquilacion del veneno de la Tarántula, mas no tan seguro como la música.

La melancolia de que estaba poseido el *Dionisio* se disipó por el medio de la música, que ni le ocasionó bayle ni otros movimientos en brazos, piernas ni cuerpo, á excepcion del de dilatacion y contraccion bastante considerable en la boca superior del estómago. Esta particularidad coincide con la de la Historia 3.ª del *Dr. Marin* en que la música solamente causó vómitos sin haberse observado otro movimiento, y con la que presenció *D. Bernardo Perez Caballero* en que únicamente con ella se recreaba el ánimo sin haberse hecho sensible alguna otra conmocion de cuerpo.

HIS-

## HISTORIA XI.

Puede servir por continuacion á estas historias lo que el mismo *Doctor Huete* refiere en carta con fecha del 18 de Enero próxîmo pasado de este año de 83, donde dice:

Desde el año de 50 hasta el de 60 hubo en este Pueblo (*Moral de Calatrava*) tres sugetos con tarantismo. El primero fue conducido á su casa, constituido ya en una apoplegía fortísima, y con indicios de muerte próxîma, que se verificó á pocas horas: cuya relacion se me ha hecho por el mismo que le tocó la Tarantéla, y confiesa que no la sabia tocar muy bien; por lo que recelaba fuese ésta la causa de no producir el efecto que surtió en los otros dos posteriores, á quienes les tocó la sonata, á cuyo fin se habilitó luego que murió el primero. Aseguran sugetos dignos de fé que en la Andalucia hay Tarántulas de la misma especie que aquí, y que á los mordidos de ellas se remedian con la música y curan perfectamente.

La siguiente historia fue comunicada por el *Doctor D. Mariano Candela y Ayala*, Médico de la Villa de *Daymiel*, en carta fecha en 24 de Febrero de 83.

## HISTORIA XII.

*Manuel de Córdoba*, de esta vecindad, en el verano pasado de 82, durmiendo en la hera le mordió al parecer la Tarántula. Despertó con un agudo dolor en el cuello, como acontece á los que tienen mal puesta la cabeza. Volviase al otro lado, y no pudo por la tirantéz de las cuerdas del cuello. Empezó á sentir fatigas y congojas, diciendo que se moria. Trajose á este Pueblo, y habiendo sido llamado, le encontré con bastante inquietud, pulso retraido, vientre algo inflamado, dolor en la region renal, ardor y dificultad de orinar. Todo este cúmulo de síntomas por de pronto me hizo suspender el juicio, no pudiendo persuadirme de mordedura venenosa, juzgando por otra parte ser aparatos de una grande enfermedad. Me contenté solo con mandarle aplicar al vientre unos paños de vino y manteca, y unas lavativas laxantes hasta volver, y si necesitaria ó no alguna evacuacion de sangre. Pasadas menos de dos horas, como las de diez de la mañana me avisan vaya corriendo que se muere el enfermo. Mandé la Uncion mientras llegaba, pues estaba confesado. En este intermedio llamaron las mugeres á un Pintor que vive aquí, llamado *Fulgencio*, que fuese á tocarle la guitarra. Fue, y quando yo llegaba á ver al enfermo, me dicen que ya está bueno, y de fidedignas personas que le vieron baylar es como se sigue su relato.

Principió con fandango, siguidillas y otros sones, permaneciendo quieto hasta que tocó el de la Tarantéla, que es mixto de fandango y folias, y sin reparar en cosa tiró de la ropa y principió á baylar con tanta ligereza y sin perder el compas, que no lo executará el mas diestro baylarin, riéndose la gente de ver baylar á un hombre que jamas le habian visto baylar y llevar el compas con tanta perfeccion. El tocador mudaba golpes de otro son; y al primero paraba hasta que volvia la sonata. Se repitió en la tarde habiendo sosegado algo al medio dia, hasta cuya hora duró la sonata, tomando caldo y alimentándose; y en la mañana siguiente aunque tocó el Pintor no tenia ganas de baylar, y hoy está bueno. Como de noche fue la mordedura no se puede saber que Tarántula fuese. En el cuello no hubo inflamacion, sí solo una lentejuela encarnada.

Los

Los síntomas de inflamacion de vientre, dolor en la region renal, ardor y dificultad en la orina, no son muy freqüentes en los tarantulados, aunque *Matiolo* y *Baglivio* (a) los ponen por característicos de los efectos seguidos al particular veneno de la Tarántula ubea.

Las quatro historias siguientes fueron comunicadas por el *Doctor Don Juan Francisco Ximeno*, Médico de la Villa de *Manzanares*, en carta con fecha de 21 de Marzo de este año de 83.

## HISTORIA XIII.

*Miguel Sanchez Calero*, de edad de 34 años, temperamento melancólico, soltero, labrador, estando segando el año 1773 con su padre y otros compañeros á los últimos de Julio, despues de haber cenado se recogieron á dormir, y como á las nueve de la noche despertó, sintiéndose bullir por la frente como que le andaba alguna cosa, y estaba en un continuo movimiento. Echando la mano al lado derecho encima de la ceja, cerca de la que le colgaba un poco de pelo, reventó con ella una Tarántula enredada en el cabe-

(a) Locis jam citatis.

bello. Sintió un pequeño dolor, y el jugo que le humedecia la frente. Se limpió, y prosiguiendo su descanso sin mucha molestia, se hizo hora de seguir su siega. Comenzó con los compañeros, y acabada la vuelta se echó en el suelo sin hablar palabra. Fue su padre y le dixo: ¿Qué te ha dado, hijo? Respondió: Yo me muero. ¿Qué te duele? Nada. Pero no sé lo que me oprime el pecho, que me falta la respiracion. He quedado cadaver. Deme agua, que es grande la sed. Bebió quanta quiso, y olvidado de lo sucedido y ser el primero que se habia visto en muchos años inficionado de este veneno, no se pensó en la verdadera causa. Se tomó un carro para traerlo á la Villa, y un pastor exâminándole dixo á su padre que no temiese, porque estaba picado de la Tarántula; y así que le traxese, le tocasen, y se pondria bueno. Con efecto llegó aquí á las diez del dia, habiendo bebido en el camino muchas veces agua, hecho un esqueleto, consumido, negro y undidos los ojos. Se buscó tañedor, y acertado el son, echó á baylar y sudar, ya con su movimiento, ya con el calor del inmenso pueblo que de dia y noche concurria á ver la novedad nunca observada entre los concurrentes. Estubo así muchos dias, hasta que ya salia de casa y tra-

trabajaba alguna cosa; pero dixo que despues de dos meses en oyendo la música aun tenia movimiento de baylar y se le meneaba el cuerpo, hasta que poco á poco se aseguró y quedó perfectamente sano, sin recidiva al año, y vive casado con hijos.

En el dia mismo habia estado revolcándose una mula en el rastrojo del mismo dueño, y como se levantase fue el padre del tarantulado á traerla al Pueblo. La vió triste, sin quererse mover, con muchas Tarántulas alrededor. No previno pudiera haber sido la causa de su mal acaso haberla mordido alguna de las muchas Tarántulas que le rodeaban al revolcarse. La traxo con trabajo, hinchado el pecho, sin querer comer, pero sí beber. Los albeytares capitularon por lobado la inflamacion. La hicieron cinco sangrias, muchas sajas y cataplasmas. Murió el dia 6 sin haberle ocurrido al Miguel Calero que pudiera haberla mordido la Tarántula, que no queda duda que así fuese. En el caso de tal noticia hubiera experimentado el uso de la música.

No expresa la relacion que le mordiese la Tarántula; pero es de creer fuese así, quando *sintió el poco dolor*. De lo contrario se podia juzgar que el veneno de Tarántula, obrando con el

sim-

simple contacto en los cuerpos, se debia colocar por uno de los mas poderosos. Pero no se debe discurrir de este modo quando hay lugar á verosimilmente pensar que se comunicó por mordedura, y no por el simple contacto.

La falta de ocurrencia en el *Padre Miguel Calero* nos ha privado acaso de una observacion muy curiosa, y que pudiera traer considerable utilidad al público. ¿Quién sabe quantos animales habrán muerto del mismo modo? Ello es cierto que en el Estío son freqüentes semejantes casos; y no ha mucho tiempo que cierto caballero perdió una gran porcion de mulas, habiendo muerto todas con los mismos síntomas que la del *Dr. Ximeno*, y sin saber á qué atribuirlo.

## HISTORIA XIV.

*Miguel Valle*, de edad de 43 años, temperamento sanguineo, robusto, estando segando el dia 10 de Julio año de 1775, como á las dos ó tres de la mañana sintió una picadura á la parte posterior del pecho en el músculo supraspinato del lado izquierdo, y al instante comenzó á quexarse diciendo le habia mordido algun animal venenoso; pues todo el cuerpo se le quedó pri-

va-

vado con los mismos síntomas que el antecedente. Registraron la parte y no hallaron insecto alguno, solo una elevacion como una lenteja. Le subieron con mucho trabajo en una pollina que llegó al amanecer. Confiesa *que al trote del animal sentia alivio, y al paso desmayos y fatigas.* Llamaron á Médico y Cirujano. Le sangraron dos veces; saxaron la pustula; le pusieron cebolla asada con triaca, y bebidas de esta misma: con lo que iba precipitado á la muerte, á no ser que al tercer dia una cuñada *de motu proprio* traxo un músico, y le comenzó á tocar; y el que estaba *in agone* se levantó solo, tomó el son, bayló quatro horas, tomó alimento y sudó. Siguió así tres dias. La muger enfadada de la mucha gente que concurria hizo cesar la música, y quedó sin perficionar la cura; pues al mismo dia que cumplió el año de la mordedura se sintió malo, le vino fluxîon á las fauces que le tuvo en bastante peligro. Salió de su trabajo, y continuó lo mas del año con apostemas, ya en los brazos, ya en otras partes del cuerpo, con color ictérico, particularmente en las piernas, por donde dice que le salió el veneno. Prosigue sano trabajando.

Tres cosas igualmente útiles que pasmosas notamos en la historia precedente, pero especialmenmente dos : que son el raro fenomeno de aliviarse el enfermo quando la pollina trotaba, y manifestarse el tarantismo en el mismo dia del siguiente año en que fue mordido. Fenomenos á la verdad harto raros, y aun mas dificiles de explicar. El trote del pollino no es tan incómodo como el de las caballerias mayores; con todo siempre incomoda, y mucho mas en nuestro caso. Pues acaeció lo contrario. Con el paso regular todos los síntomas permanecian en su mayor vehemencia, los que se desvanecian con el trote. Por lo mismo dirán algunos que todo lo quieran apurar con raciocinios, por lo mismo que el trote agita, conmueve, y pone en accion sólidos y líquidos, calmaban los males y sentia alivio el enfermo. Especiosa es la razon tanto mas quanto los efectos del veneno tarantulino son el entorpecimiento de los sólidos y la coagulacion de los líquidos, y por el sacudimiento del cuerpo originado del trote del pollino se agitan los unos y circulan mas bien los otros. Parece muy bien esta razon. Pero no me dirán estos tales ¿cómo podrá hacer el mismo efecto en igual caso el canto de una golondrina, ó el de una muger? Esto, pues, consta de observacion que se colocará en su debido lugar. ¿Y qué diremos del periodo fixo xo y dia determinado que guardó el veneno para exercitar su poder? Que se observe al poco mas ó menos del año nueva fermentacion del veneno no parece estraño, atendidas las circunstancias del temperamento del sugeto, clima, calor mayor de un año respecto del otro, actividad del veneno, exercicios que dispongan al tarantado á que se le refermente, qualquiera lo percibe; porque se observan todos los años en determinadas estaciones las fermentaciones de los vinos y otros licores. Pero precisamente fixar el dia, y volver la repeticion casi á hora determinada, admira sobre manera. Los demasiadamente sofisticos y arrogantes siempre en su modo de pensar no dexarán este fenomeno sin explicacion. Quizás dirán: en el supuesto de que el veneno tarantulino no bien exterminado del cuerpo por su expecífico la música tenga por peculiar caracter refermentar al año produciendo los efectos que le son propios, puédese atribuir su exâltacion en dia determinado al que se cumplia el año á una casual concurrencia de varias circunstancias de clima, veneno y sugeto. Pero bien se dexa conocer que es mucho para casualidad. Podrán por ventura tener alguna influencia en este portento de la naturaleza, prescindiendo de la sensible del calor &c. los astros principalmente el Sol. Determínelo otro, que no nos atrevemos á tanto. La otra cosa es que por no haber continuado con la música quedó la curacion imperfecta. No se perficionó porque desazonada la muger por la concurrencia abandonó la música, y el doliente quedó infecto del veneno, verificándose de él lo que asienta *Baglivio*, que quedan ictéricos, mal sanos, caquécticos, y paran últimamente en enfermedades incurables.

## HISTORIA XV.

Un pobre forastero que llegó al Hospital con su muger en el mes de Agosto del año próxîmo pasado de 81, segador, de edad como de 30 años, así que dixo á la hospitalera (la que no le pidió nombre ni patria) que le habia picado en la muñeca un animalillo que no sabia lo que era, le reconoció y vió como una picada de pulga y un círculo pagizo. Llamó la música, y tocada comenzó á moverse sin poder levantarse de débil. Le ayudó y sostuvo hasta que entró en calor; y luego bayló solo tres ó quatro horas. Se acostó, sudó copiosamente y volvió á baylar. Estuvo tres dias, y viéndose bueno se fue á la

sie-

siega, y acabada á su tierra, sin haber vuelto al Hospital.

Nada contiene de particular esta historia. Unicamente confirma lo de *Baglivio* (a) que la parte mordida se mancha con un círculo rojo, alguna vez lívido y otras pajizo. Acaso este color en la mancha originada de picadura ó mordedura de animal es indicio de poderoso veneno quando no del de Tarántula. En la inflamacion seguida á la mordedura de la vívora se observa el mismo color pajizo, y en otras.

## HISTORIA XVI.

V*icente Guixarro*, de edad de 24 años, estando segando el año pasado de 1782 sintió dentro de los calzones en el muslo derecho una picada que le suspendió, no por el dolor, sí por la conmocion de todo el cuerpo. Miróse la parte, y no halló otra cosa que una mordedura como de hormiga, pero las fatigas, deliquios y entorpecimiento como efectos de un poderoso veneno, le traxeron al Lugar y se curó con la música, sin haber sentido en adelante cosa alguna; de

(a) Cap. 6.

de modo que ya las mugeres sin Médico curan los atarantulados por la experiencia que tienen.

Quan freqüente sea el tarantismo y el uso de su expecífico la música en la Provincia de la *Mancha* lo prueba la última expresion de la historia antecedente, quando las mugeres sin concurrencia de Médico perficionan las curaciones.

## HISTORIA XVII.

Hallándose el Sr. *D. Miguel Cayetano Soler* en la Villa de *Almagro* á principios del mes de Agosto del año pasado de 1782 comisionado por el Supremo Consejo para evacuar algunos encargos que le habia confiado, oyó referir el suceso de que un labrador se hallaba picado del insecto llamado Tarántula, y que indubitablemente se moria porque no habian permitido sus gentes que el ciego le tocase el son de la *Tarantéla*. Irrision le causó verdaderamente acordándose entonces de la historia de Nieremberg, y permaneció en el mismo concepto, por mas que varios sugetos condecorados é instruidos (*tanto puede la preocupacion*) le aseguraron que la repetida experiencia habia acreditado en muchos pueblos de la Provincia no solo la seguridad de aquel

aquel remedio, sí que la Pharmacia no podia subministrar otro capaz de curar iguales dolencias, opinando por lo mismo con el dictamen del Cirujano de la Real Brigada, que asistia activamente al tarantulado, su efectiva y pronta muerte. No sosegó la curiosidad del dicho Sr. *Soler* hasta que encontró al mencionado facultativo, y con efecto habiendo relacionado todo el suceso y desconfianza que tenia de la curacion del paciente, á menos que los fuertes medicamentos que le habia subministrado no pusiesen su sensorio comun en aptitud para recibir las impresiones de la música, la que consideraba suficiente y único remedio en dicho caso, no en fuerza de experiencia alguna, y sí por haberlo leido en la célebre obra de *Jorge Baglivio* ya deseó ansiosamente ver al enfermo, y no fue necesario preguntar por su casa, pues un concurso numeroso del pueblo se conducia á ella con la novedad de que habiendo llamado al ciego tocador de la *Tarantéla* para hacer la observacion de si el mismo insecto que tenian dentro una ampolla excitaba sus movimientos con dicho son, y hallándose el paciente á bastante distancia se habia notado en él un movimiento acorde á la mencionada música, y seguida esta dentro su habitacion, el efec-

to

to maravilloso de irse habilitando por momentos.

Llegó el Juez de su comision á la misma casa y cama del doliente, cuyo aspecto y situacion deplorable le contristó. Le hizo algunas preguntas relativas á su accidente, y nada entendió de su confusa respuesta. Le tomó el pulso, y sin mas instruccion que la que facilita á todos la necesidad, le pareció que estaba en peor estado que el que le habia referido el Cirujano. Solicitó tocase el ciego su son, y apenas le hizo, quando comenzó el enfermo á mover encima de la misma cama todo el cuerpo con tan arreglado compas á la música, que fue lo que mas admiró. Cesó esta y se quedó inmovil el enfermo. A poco rato le baxaron de la cama entre dos hombres, y sosteniéndole en pie en medio de la habitacion, al primer golpe de la guitarra les salió de las manos y se vió saltar agilmente, y con perfecto compas á un hombre hecho un tronco, y cuyo aspecto publicaba su infeliz estado. Siguió en esta forma sin mudar de sitio ni discrepar sus movimientos largo rato; y preparados los referidos hombres, dexó de tocar el ciego, y al último golpe cayó el enfermo en los brazos de aquellos con la mayor violencia, de modo que se dexó conocer bien que á haberle faltado el referido apoyo se hubiera ra estrellado en el suelo. Luego que empezó el bayle se le advirtió un sudor copiosisimo tan pestilente que costaba el mayor trabajo tolerarle, y en igual forma se le iba aumentando, y le continuaba algun tiempo en la cama; pero apenas se disminuia quando comenzaba á suspirar, manifestando con el semblante y movimientos convulsivos que le repetian los primeros accidentes aunque no con tanta vehemencia. A este tiempo llegó el Cirujano de la Real Brigada, quien deseando apurar la observacion en un caso tan maravilloso, y que era el primero que le habia acontecido, previno con entera reserva al ciego que quando tocase hiciese algunos puntos distintos de los que comprende el son de la Tarantéla; y en efecto habiéndolo executado con tanto disimulo que ninguno de los muchos expectadores pudo advertirlo, se verificó en el paciente una mutacion tan grave y repentina que causó espanto á todos. Así se iba aliviando por momentos: de manera que quando salió el exponente de *Almagro* estaban ya muy remisos todos los accidentes del enfermo.

Regresó el Juez comisionado á la Villa de su residencia (*Daymiel*) lleno de admiracion, pero pocos dias despues tuvo otro motivo mas digno

de

de ella con el caso de la misma especie ocurrido en la Villa de *Daymiel* á *Manuel de Córdoba*, que lo mas de él pasó á su presencia. Volvió el dia 28 del mismo Agosto á Almagro, y reconoció que al tarantulado *Manuel de Puentes*, á quien dexó el dia de sus saltaciones casi enteramente bueno, le habian quedado aun algunas impresiones venenosas, lo que se hizo manifiesto, pues habiendo empezado á tocar el ciego *Joséph Recuero* la Tarantéla se inmutó y acaloró conocidamente sin poder resistir los movimientos generales de todo el cuerpo; en cuya vista trató con el ciego fuese dos veces cada semana á tocarle hasta conseguir su perfecta curacion.

Nada hay mas singular en la historia precedente que el olor pestilente del sudor, siendo tal la pestilencia que apenas se podia tolerar. Puede ser muy bien su causa el particular temperamento del tarantulado y la idiosincrasia de sus humores que inclinasen á corrupcion, contribuyendo á acelerarla el veneno tarantulino, ó quizas este alterando los humores los dispone á la breve putrefaccion.

HIS-

## HISTORIA XVIII.

*Capitulo de carta escrita en Soquellas á 16 de Mayo de este año de 83 por el R. P. Fr. Basilio de San Bernardo, Trinitario Descalzo.*

El sugeto á quien picó la Tarantéla en *Valdepeñas* se decia *Juan*, cuyo apellido se ignora, por el que me ha escrito por ser un hombre en gran manera descuidado. Todavia vive. Fue en el año de 1760 en el tiempo de la siega. El Médico se llama *Don Tomas Gurri*, Catalan de nacion, y actual Médico en *Villanueva de los Infantes*. El sugeto que le tocó la vihuela se dice *Nicolas*, de oficio cantero. Como habia tomado ya bastante posesion el veneno, no se pudo expeler hasta despues de siete dias de bayle. Hecho un tronco fue trasladado desde el campo á su cama. Entró el tañedor, tocó fandango; quieto se estaba, tocó folias, no se movia; tócolo la Tarantéla, y al punto con desembarazo nunca pensado sacudió la desidia forzosa que le embarzaba; se puso de pies, continuó la tocata, y él comenzó á brincar sin perder compas, que rabiaba.

El año pasado de 82, en la misma Villa de

*Valdepeñas* picó á un muchacho y á una muger, y como fuese muerto el dicho *Nicolás*, apelaron al *P. Fr. Joseph del Espíritu Santo*, Vicario actual de nuestro Colegio de *Valdepeñas* de Trinitarios Descalzos, quien la toca con perfeccion. Fue á la casa, y no bien hubo aplicado su mano á la vihuela, quando aquellos troncos comenzaron á rebullirse, con tal garvo que era la admiracion de todos. Al fin á fuerza de sudar sanaron. Testigos todo el Pueblo y Comunidad, el Médico actual de dicha Villa *Don Pedro Marin*, y su Cirujano *Don Juan de Araque*.

## HISTORIA XIX.

*Las tres siguientes historias son de Don Manuel Francisco Sanchez, comunicadas en carta fecha en Villarta á 31 de Diciembre de 1783.*

Un *coplero* de tierra de *Infantes* á últimos de Julio de 1775 se fue á dormir á las heras de esta Villa, y á la mañana á tiempo de colgar las coplas le picó una Tarántula en la cabeza sintiendo como una mordedura de hormiga. A poco rato tuvo dolor y escozor. A la media hora se le hizo un tumorcillo duro, obscuro y doloroso en la la picadura, y antes de otra media hora se echó en tierra con vertigos, congojas, nauseas, movimientos convulsivos, sudores frios, y supresiones de pulsos, sin saber decir qué tenia mas que el que le habia picado un arañon negro en la cabeza; y conociendo habia sido Tarántula hice buscar quien tocase la Tarantéla. Fue *Gabriel Ximenez*, á quien previne que tocase otras sonatas, y entre ellas, quando yo hiciera seña, algunos golpes de Tarantéla para cerciorarme si estaba tarantado. Hizolo así, y aunque tocó diferentes no se le advirtió movimiento alguno sino quando le tocaba los golpes de Tarantéla. Notado esto se siguió tocando la Tarantéla, y al instante principió á mover las manos, cabeza, pies y todo el cuerpo. Arrojó la ropa con que se abrigaba, se levantó de la cama y se puso á baylar. Quantas acciones y movimientos hizo en estas operaciones las executó llevando el compas de la sonata. Continuó el bayle por mas de tres horas. Estando muy alegre en la mayor faena de su danza hice que tocase otra sonata, y á los tres golpes le acometió un temblor de todo el cuerpo, de repente dexó el baylar, y se volvia suspirando y aquejado á la cama. Pero antes que se echara se toca Tarantéla, y vuelve á tomar el bayle con igual alegria.

Cer-

Cerca de tres dias bayló con algunos breves ratos de descanso, en los que durmió y sudó copiosamente, se le quitaron sus accidentes y quedó bueno del todo.

Tenia este hombre mas de 60 años, era torpe y andaba con mucho trabajo por ser patizambo; pero en el bayle no se le conocia. Era de buena complexîon; no habia padecido enfermedad alguna, ni jamas habia baylado. Con todo, en este bayle de Tarantéla se recreaba mucho, y decia que baylando se le quitaban todos sus males. A los quatro meses volvió por aquí, y dixo que no habia tenido novedad. Le pregunté si queria baylar, y respondió que no podia moverse. Se le tocaron diversas sonatas como la primera vez; y así que oyó la Tarantéla sin poder contenerse echó á baylar. No he tenido mas noticia de él.

La mala conformacion de piernas de este hombre, su edad, y el no haber baylado nunca le tenian en estado de no esperar de él que la música Tarantéla produxese, como en los demas tarantados, sus regulares efectos. Sin embargo es tanta la eficacia y poderosa influencia de esta sonata en semejantes casos, que enmienda hasta los vicios de conformacion nativa, haciendo que las

par-

partes mal figuradas executen movimientos correspondientes, y muy semejantes á las de la mas bella organizacion. En efecto así se experimentó en este caso. Apenas podian llevar las piernas la máquina de su cuerpo; quando andaba con tanto trabajo como dice la relacion, y con todo bayló con compás, sin fatiga, y dió á las mal organizadas piernas todas las evoluciones que pudieran executar las mas bien dispuestas. En fin hizo en este hombre la música un prodigio increible, que fue el desfigurar, enmendar ó corregir un vicio ó borron de naturaleza; pues *no se le conocia* durante el bayle.

## HISTORIA XX.

En *Arends de San Juan* á primeros de Agosto de 1782 mordió á otro una Tarántula estando durmiendo siesta en el restrojo. No sintió picarle. El escozor y dolor del cuello, que era donde le habia picado, le despertaron. Por entonces lo despreció. Pero á la media hora no podia sosegar de un vehementísimo dolor de la parte mordida; y preguntando á los compañeros qué tenia en el cuello, le dixeron que un tumorcillo como morado. Tampoco se puso en cuidado. A po-

poco rato le acometieron congojas, suspiros, temblores, sudores frios glutinosos y vómitos variegados. En este estado le llevaron al pueblo, y estuvo toda aquella tarde y noche bien malo aumentándosele los dichos síntomas; y avisándome á otro dia llevé conmigo á *Francisco* y *Luis Ribera*, á quienes *Gabriel Ximenez* habia enseñado á tocar la tarantéla. Luego que le ví juzgué que estaba atarantado. Díxele riendo que era preciso que baylase. A que respondió que no lo haria aunque se lo mandara qualquiera (por no decir la Santísima Trinidad, en cuyos términos se explicó) porque ni sabia ni podia. Sin réplica mandé á los tocadores que hicieran los mismos ensayos que con él *coplero*, y sucedió puntualmente lo mismo, quedándose baylando al son de la tarantéla por todo aquel dia y noche con algunos intervalos de descanso con que se alivió algo. Aunque se prosiguió la curacion por el medio de la música baylando mas de quatro dias, no se consiguió, sí solo calmaron algun tanto los síntomas en su vehemencia; porque se llegó tarde con el antídoto de la música, y el veneno tarantulino se habia ya altamente impreso en los humores y partes sólidas. Le habian dado antes que yo llegase algunas tomas de triaca, y habian

bian tocado muchas sonatas los guitarreros, pero todo sin fruto: antes sí le aumentaban los síntomas. Quedó muy triste y pálido sin saber decir qué le afligia. Pasados quatro meses se puso ictérico, mas triste, y como estuporádo, y repitiéndole las congojas, movimientos convulsivos y sudores frios, con dificultad de respirar estertorosa, murió sofocado. Tuvo siempre el pulso muy débil. Era de 45 años, bilioso, mal complexîonado, padecia con freqüencia de quartanas, y estaba mal alimentado, pues en mucho tiempo no habia comido otra cosa que gachas de panizo.

Llegó tarde la música á este tarantado mal dispuesto ya por estar nutrido de alimentos de mala calidad, y caquéctico á resultas de las quartanas que padecia con freqüencia. No es esta la única observacion que acredita que si no se aplica en tiempo el remedio de la música, aunque se desvanezcan los síntomas del tarantismo agudo, sobrevienen los del crónico, que pasando algun tiempo, unas veces mas y otras menos, segun la cantidad y actividad del veneno, y particular constitucion del atarantado, quitan la vida. Vease la Historia I.ª de este escrito. En este caso, ademas de no haber usado del remedio en tiempo, recayó el veneno sobre un sugeto en quien

quien no podia dexar de obrar con mayor fuerza por su mala complexîon y aparato caquéctico. Nótese tambien que la ictericia que se manifestó en este envenenado es uno de los síntomas mas freqüentes del tarantismo crónico; como asimismo la debilidad de pulsos y caquexîa.

## HISTORIA XXI.

En *Arenas* á últimos de Julio de este año de 1783 mordió á otro segador tambien por la siesta una Tarántula; y aunque solo sintió como una picadura de abeja, receloso de los dos casos antecedentes se levantó y halló la Tarántula que le habia mordido que era ubea. Sin dilacion se fue á casa. Quando llegó ya tenia dolor y tumorcillo en el hombro donde le habia mordido, y á la media hora le sobrevinieron los regulares síntomas de congojas &c. como á los otros dos de las anteriores historias, pero no llegaron á tanta altura; porque luego á luego se le socorrió con el apropiado remedio de la Tarantéla. Bayló toda aquella tarde y noche, prosiguiendo quatro dias con algunos ratos de descanso, con lo que perfectamente quedó sano.

Tuvo sed, reseca la lengua, el pulso muy du-

duro, y arrojaba la orina encendida y con pujo. Con las emulsiones y el bayle sudó copiosamente, y despues no ha tenido novedad. Es de 36 años, robusto, sanguineo y bien complexîonado.

Todos tres se quexaron de grandes congojas sobre el corazon. Preguntados si gustan de vér el color encarnado ú otro alegre, y si se entristecian del negro, los tres dixeron que no; ni tampoco apetecian manosear ramas verdes.

La sed, sequedad de lengua, dureza de pulso, y el arrojar la orina rubicunda y con pujo, son segun las generales máxîmas del arte seguros indicantes de inflamacion: bien que esta sea systrófica, ó de parte determinada ó flogística precisamente de los líquidos. En qualquiera de los dos casos gobernado el profesor por reglas comunes se hubiera arrojado á la sangria, atemperantes &c. Pero bien lexos de conseguir el alivio hubiera precipitado al enfermo al último extremo, si no se hubiera estado sobre el aviso de la mordedura de Tarántula, efectos de su veneno, y aplicacion de su antídoto la Tarantéla.

## HISTORIA XXII.

*Las dos siguientes historias fueron comunicadas por D. Francisco Ximenez, Médico de la Villa de Granatula.*

A los diez y seis años de hallarme Médico de la Villa de *Granatula*, en la Provincia de la *Mancha*, una de las del Partido de *Almagro* y *Campo de Calatrava*, al pasar por la calle de las *Pilas*, á punto de salir el Sol del dia diez y ocho de Julio del año pasado de mil setecientos setenta y nueve, fuí llamado de prisa para que visitase á uno que, decian, estaba muriendo. El enfermo era *Joseph de Molina Zacarias*, vecino de ella, trabajador del campo, de cinqüenta años, hábito gracial, y de un temperamento melancólico, á quien advertí bastantemente turbado, postrado y fatigoso, entumecida toda la cara y cuello. Preguntéle qué sentia; y me responde:

No tengo otro mal que el de haberme picado una Tarantéla. Siendo poco mas ó menos la una de la noche estaba echado sobre una gabilla de trigo. Despierto sentí que me picó en el pescuezo; eché la mano de pronto y la reben-té. Acudí despues con la mano á la boca para un-

untarme con saliva, como solemos hacer, y apenas llegué á ella quando advertí que me habia de pronto hinchado la boca y cara como Vm. ve. Me levanté en pie, anduve como ocho ó diez pasos, y no pude; porque fue tan grande el frio que sentí en todo el cuerpo que me quedé como un marmol, caí en tierra con ansias mortales, un dolor grande en todo el vientre, la cabeza turbada, y el corazon se me queria salir por la boca. Llamé como pude á los compañeros, que dormian, acudieron á socorrerme, y viendo como estaba intentaron traerme en una burra á mi casa. Mas no lo hicieron porque al quererme levantar les dixe me dexasen quieto, pues me iba á morir en el camino. Temerosos y asustados me dexaron, y proporcionaron conducirme en una galera que estaba cargando allí cerca, como lo executaron, y ahora acabo de llegar.

Le pregunté que cómo habia conocido que lo que le habia mordido era Tarantéla, siendo de noche y matádole. Respondió que porque aquel sitio abundaba de ellas, y todo el dia las estaban viendo. Pasé á exâminar la mordedura, y solo advertí sobre la entumescencia un retorteruelo muy duro del tamaño de un garvanzo, y algo lívida su circunferencia. Pulséle, y hallé los pul-

sos

sos casi abolidos, y tan pequeños que apenas los percebia, cubierto todo de sudor frio; de modo que creí, y á mi parecer no sin fundamento, que se moria, y presto. Ordené que se le dispusiera para ello; y receté una mixtura anti maligna para que la tomara interiormente, y para aplicar sobre la mordedura triaca con ajos. Serian como las diez del dia quando volví á visitarle, llevando conmigo á *Manuel de Cespedes*, Cirujano de la Villa. Ya á la novedad se habia llenado la casa de gente de toda clase. Despejamos y llegamos al enfermo, que estaba sumamente postrado, sin embargo de la segunda toma de la dicha alexîfármaca, y los referidos síntomas mas graduados y amagado á un coma. El Cirujano y muchos de los circunstantes propusieron que tocasen la Tarantéla. No tuve violencia en consentir en ello, sin embargo de no darle el mayor crédito, porque al fin nada me pareció que se aventuraba. El en mi dictamen se moria, y que me acordaba de haber leido de que *in Medicinis nihil temerè est affirmandum, nihil temere contemnendum.* Y así se dispuso viniesen dos tocadores que decian saberla tañer. Vinieron en fin. Fueron estos *Manuel Meoro*, Alguacil menor de la Villa, y *Francisco Beltran*,

es-

esquilador en ella, y al instante dieron principio á la sonata dicha por ellos la Tarantéla.

Todos admiramos el prodigio, pues á poco tiempo de haberla principiado empezó á mover los pies poco á poco, sacó los brazos y empezó á moverlos, á breve rato sacudió la ropa é hizo ademan de salir de la cama el que esperaba yo saliese presto del mundo. Yo mismo me arrimé á sostenerle. Ayudado de mí se puso en pie temblando todo el cuerpo, pero haciendo algunos movimientos al compás de la sonata. De rato en rato se iba vigorando y avivando las mudanzas; de modo que ya le solté, y danzó como hora y media con un arreglo tal que parecia haberla baylado varias veces, siendo cierto que ni el dicho son ni otro habia baylado en su vida. Al cabo de hora y media se volvió á la cama rendido y cubierto de sudor, pero ya cálido. Se le dió un caldo, suspendí la medicina cordial, y nos retiramos despues de medio dia.

Volví á verle á las cinco de la tarde en ocasion que estaba danzando, y me dixeron los guitarristas que de dos en dos horas descansaba y volvia al bayle. A la mañana siguiente le hallé dormido, pero advertí en él, como estaba, *algunos remisos movimientos como trémulos;* pero sin em-

embargo de que dormia no dexaban de tocar; que como eran dos, descansaba uno y tocaba otro. Dexéle como estaba (dormido) encargué mucho el *victus ratio*, y me retiré.

Visitéle á la tarde con una hora de sol, advertí al entrar en la casa mucho silencio, y fue que ya los tocadores lo habian dexado é ídose, y el enfermo durmiendo muy plácidamente desde las tres de la tarde. Llegué á su cama, le desperté, hícele diversas preguntas, y me dice: *Gracias á Dios que ya estoy bueno.* Exâminé el pulso. Estaba algo tardo, pero igual, y desvanecido todo el sindrome de accidentes, continuando bueno desde entonces hasta hoy dia quince de Enero de mil setecientos ochenta y quatro, dia en que extiendo este caso raro observado por mí.

Prueba la anterior historia lo que muchas veces se ha asegurado de que los años de gran sequedad, como fueron los de setenta y nueve y siguientes, son los más á propósito para la generacion de este insecto; pues de diez y seis que hacia que residia en la Villa de *Granatula* por Médico titular no habia visto ni aun acaso oido que hubiese Tarántulas en aquel pais, cuya mordedura produxera los consabidos efectos, y su

cu-

curacion por la música. Lo mismo aseguran los Médicos antiguos de casi todo el pais de la *Mancha*, que no observaron casos de mordedura de estos animalejos hasta estos últimos años.

La aplicacion de la mano untada del veneno á los labios y lengua para tomar un poco de saliva y mojar la mordedura hizo hinchar estas partes y tambien la cara. Parece ser este de los venenos mas corrosivos, y muy semejante al licor ó humor untoso que despide la carraleja quando la tocan; y que no solamente obra comunicado á la sangre por la mordedura sino aplicado exteriormente.

¡Caso admirable! ¡Fenomeno raro! Baylar durmiendo. Los remisos movimientos como trémulos que observó este Dr. en la presente historia ¿qué otra cosa eran que un bayle que excitaba simplemente y al modo mecánico la sonata *Tarantéla*? Confirma este hecho la grande impresion de la música por solo el movimiento comunicado al cuerpo. ¿Quántos grados de energia y eficacia en su obrar le añadirá la pasion que esta excita reobrando con mucho vigor sobre él?

HIS-

## HISTORIA XXIII.

En el año pasado de mil setecientos ochenta y dos, dia cinco de Agosto, estaba *Romano Muñoz*, soltero, de edad de diez y ocho años, hábito medianamente carnoso, temperamento sanguineo, de oficio jornalero, cortando una poca de retama, distante una legua de esta Villa de *Granatula*, para quemar una calera, con otros cinco compañeros, y al cargar un haz se le metió una Tarântula en el pecho, que tenia descubierto, y le picó sobre la clavícula derecha. Luego que sintió la mordedura echó la mano y la mató comprimiéndola. La sacó y conoció ser dicho animal. Pasado poco tiempo sintió un frio grande que le corria por todo el cuerpo, y una displicencia y desabrimiento universal, como si le fuera á dar un accidente. Con bastante quebranto se encaminó á donde estaban los compañeros, que no distaban mucho, pero no pudo llegar á ellos, porque cayó en tierra con ansias mortales, y un dolor trucidante que le ceñia *cinguli instar* toda la cavidad media hasta el corazon, comunicándose á la inferior region, y no libre la animal. Con las dichas ansias fue rodando bastan-

tante trecho, de modo que los compañeros al principio lo atribuyeron á diversion por ser demasiado divertido; pero advirtiendo que no era lo que habian creido, se acercaron, le asieron, y entre congojas les dixo como le habia picado una Tarantéla, y que se estaba muriendo. *Incontinenti* le traxeron á su casa en una caballeria, y luego que llegó (serian las once del dia) llamaron los guitarristas, que fueron el dicho *Manuel Meoro*, y *Manuel de Tera*, tambien vecino de esta Villa, y luego que le empezaron á tocar se levantó de la cama, y echó á baylar al compás de la sonata, y bayló por espacio de veinte y quatro horas *ita & eodem modo* que el de la observacion antecedente, como me consta por haberlo presenciado, no porque me llamaron á verle, sí por la curiosidad que me llevó luego que lo supe, que fue á las dos de la tarde, por ver como ví, y admirar como admiré segunda vez accidente tan particular en su curativa, como *de facto* volví á cerciorarme de lo que nunca creía. A los tres dias andaba ya por las calles, y hasta hoy dia quince de Enero de ochenta y quatro continúa gozando la mas robusta salud.

En una reflexîon que el *Dr. Ximenez* hace al fin de estas dos últimas historias confiesa su incredulidad en no dar asenso á las observaciones que sobre el particular habia leido en *Baglivio*, y quizás oido que habian ocurrido en la *Mancha*; pero que al ver estos dos casos quedó plenamente convencido de quanto se admira en los efectos prodigiosos del veneno tarantulino y curacion por la música. Asegura tambien que hubieran muerto ciertamente los dos tarantulados si no los hubieran socorrido con el expecífico remedio son de la *Tarantela*. Consiguientemente intenta persuadir que en tales casos se dé de mano á qualquiera medicina, y únicamente se aplique á la música.

## HISTORIA XXIV.

*Comunicada por Don Antonio Agapito Lopez, Boticario de la Villa de Puertollano.*

*Manuel Gilmer*, de edad de 32 años, estando segando en compañia de su padre, como á media legua de distancia de este pueblo, en un sitio que se llama *Melondo*, en la noche del 17 de Julio del año pasado de 1783, estando durmiendo fue mordido de un insecto en el molledo del brazo izquierdo; y aunque al tiempo de de morderle no le inquietó, dice, que entre sueños le dolia el brazo, y á breve rato le despertó el dolor que sentia tan violento que le faltaban fuerzas para tolerarle, é incorporándose al instante comenzó á pasearse con acelero y desórden, creyendo por este medio lograr algun alivio, que no consiguió; antes bien advertia mas agudeza en la picadura, y que los continuos dolores y latidos se comunicaban principalmente al corazon, debilitándole por instantes las fuerzas, y dexando los demas miembros casi sin accion. En este estado, y siendo como la media noche, llamó y despertó á su padre refiriéndole el suceso, y que todo procedia de haberle mordido alguna sabandija en el brazo. Se levantó el padre, y tuvo el cuidado de registrar el sitio y ropa donde habia sido mordido el hijo, y logró en efecto encontrar un insecto ya muerto y estrujado, que recogió y guardó para ver lo que era.

En este corto tiempo se agravó tanto el mordido que se creyó perecer de dolores, y sin mas esperar, viéndole ya como baldado dispuso su padre montarle en una caballeria y conducirle á su casa, lo que logró no sin gran recelo de que muriese en el camino, segun el lamentarse que por todo él traxo; y luego que pudieron

ron baxarle de la caballeria llamaron al Cirujano *Pedro Ximenez*, á quien instruyeron de lo sucedido mostrándole el insecto que habia sido hallado en la cama (y el mismo que sin duda mataria el enfermo en la accion de morderle, aunque no despertó) manifestándole el brazo y sitio en que no se advertia, ni advirtió despues mas inflamacion ni señal que si hubiera picado una pulga ó semejante. Con estos antecedentes, y viendo el dicho Cirujano la estructura del desbaratado animal, y que le percebia ocho patas en un tallecico delgado, detrás de ellas la figura del pellejo de una uva negra y bellosa, conoció inmediatamente era Tarántula. Por pronta providencia le aplicó una cataplasma de ajos, levadura, aceyte y triaca, declarando á los que presentes estaban que aquel hombre era mordido por una verdadera y legítima Tarántula, y que no habia mas eficaz remedio para su curacion que llamar personas que supiesen tañer instrumentos, y que tocasen el son ó tocata acelerada que dan el nombre de *Tarantéla*, con cuya medicina habia visto curarse otro hombre en *Almodovar del Campo* algunos años habia.

A todo esto gritaba el enfermo desde la cama que buscasen quien le favoreciese que se

mo-

moria sin remedio. Le mandaron disponer, y pudo confesar, pero no dexaba de quexarse y dar voces de tal modo que se conmovió el pueblo, y entre las muchas personas que acudieron á verle fue una que sabia tocar el son de la tarantéla; y aunque repugnaba tañerle, pareciéndole que tenia mas necesidad de Agonizante y mortaja que de música, con todo á instancias de varias personas facultativas y de prudencia empezó á tocar en una guitarra, y vieron con grande admiracion todos los circunstantes, que eran muchos, qué al compás de la tocata empezó á mover la cabeza, despues las manos, los pies y seguidamente el cuerpo, y sin detenerse arrojarse de la cama baylando y saltando, y continuar por mas de dos horas (que fue el tiempo que pudo aguantar el tocador) y en lugar de quexarse y lamentarse, como lo hacia desde la cama, no se le oia otra cosa que ruegos é instancias para que no dexasen de tocarle, repitiendo que mientras baylaba no sentia dolor ni flaqueza alguna.

Cansarse de tocar el que lo hacia, dexar la guitarra y cesar el bayle del mordido, todo fue uno, viendo todos con asombro que un hombre rústico, que mientras tuvo música no dexó de saltar y baylar, cesando aquella no pudo tenerse

en

en pie, habiendo sido preciso se arrimasen dos personas á llevarle á la cama, volviendo á los antiguos lamentos y quexidos.

Fue fortuna estar este pueblo provisto de aficionados á tocar la guitarra, y todo fue menester; pues entre todos ellos sufrieron el cansancio de estar casi de continuo tocando ocho dias que duró el baylar al mordido de la Tarántula; con cuyo violento saltar sudaba tan copiosamente, que á no haber sido por los caldos y vizcochos con que de tiempo en tiempo le socorrian, hubiera perecido baylando y sudando.

Advertí que mientras mas violento le tocaban, mas contento baylaba, mas sudaba y mas se aliviaba el mordido, y llegó á tomar con tal arreglo el compás de la tocata, que un solo punto ó golpe mal executado por el tocador le hacia pararse y prorrumpir en ayes de dolores, clamando que por Dios y por Christo le tocasen bien; y para mas apurar esta singularidad le hicimos varias veces señas al sugeto que le tocaba (estando baylando con mucho esfuerzo) que mudase de son, y aunque tañia otro muy semejante dexaba de baylar al punto y volvia á clamar.

Todo este conjunto de fenomenos excitó los ánimos de algunos curiosos y facultativos á consulsultar las obras de *Jorge Baglivio*, de quien aprendimos muchas cosas hasta ahora ocultas, y aun por algunos no creidas. Siguiendo pues sus doctrinas, deseando averiguar lo cierto de los experimentos y señales que anota, presentamos á este hombre una fuente con agua, y meneándosela manifestaba un rostro tan alegre, que le provocaba á risa. Lo mismo resultó de acercarle unos ramos de parra. Presentándole una espada, la pidió al instante, y tomándola en la mano la blandia, y se hacía valiente, pero sin amenazas. Traxe á su presencia diversos colores en ovillos de lana. Al instante pidió el encarnado, y viendo el negro lo apartó de sí. Y últimamente despues confesó que durante su enfermedad habia tenido fuertes estímulos á la venus con algunas de las mugeres que entraron en su quarto ó aposento á verle. De esto infiero, que la tal propension, ó estímulos á la venus que sentia mas con unas que con otras de las que allí concurrian, era la resulta de los colores de que estaban vestidas.

Lo mas prodigioso que en este hombre se vió fue el que al fin de los ocho ó nueve dias que casi de continuo estuvo baylando (y no hubiera cesado si le hubieran tocado), se le consideraba cansado y rendido, y quando se pusiese bue-

bueno gastaria en descansar y restablecerse mucho tiempo, atendiendo á lo que se habria debilitado con tanto sudar y saltar, incapaz de resistir las fuerzas del hombre mas robusto. Pero sucedió muy al contrario; pues empezando al fin de dicho tiempo á llenársele el cuerpo, cara y brazos de manchas negras, se vió sano de la noche á la mañana desapareciendo aquellas, y hoy le vemos trabajar en los mismos exercicios que antes se ocupaba sin resulta alguna de la mordedura.

Me consta que en este mismo Agosto hubo otro mordido en la Villa del Moral, otro en Almagro, y antes otro en Villamayor, pero no puedo dar circunstanciados estos casos.

Es quanto con verdad puedo exponer haber observado en el caso referido; y lo mismo que tomó por testimonio el señor Marqués de Texada, que se hallaba en esta Villa usando de sus aguas ácedas con otras personas de carácter y graduacion que admiraron el caso, y se puede atestiguar con la presencia de todo este vecindario, que de dia y noche entraban y salian á ver baylar al mordido. Hasta aquí la historia.

La celeridad y desorden con que este hombre se paseaba se ha observado mas de una vez

ser

ser el efecto de mordedura de algunos animales ponzoñosos. Fue mordido de alacran un hombre en las inmediaciones de Toledo, y al instante que sintió la picadura sin poderse detener rompió en una carrera larga y veloz hasta llegar á la Villa de *Olías*, que hay dos leguas, donde paró. El caso sucedió así: pero se ignora si en fuerza del dolor, ó de la particularidad del veneno era impelido á correr.

Cada historia dá nuevos motivos de admiracion. Esta es una de las que pueden inclinar á juzgar de la certeza de aquellos raros fenomenos que refieren los AA., en las observaciones de las mordeduras de las Tarántulas, sobre la alteracion que causa á los tarantulados la variedad de colores y la vista del agua. Quando hicimos la crítica de estas particularidades no nos pareció tener bastante prueba para declararnos á favor de ellas, creyéndolas ciertas por las razones que allí expusimos, aunque el Doctor *Martinez Villascusa*, Médico de *Tarazona* de la *Mancha*, nos hubiese noticiado en carta con fecha de 15 de Febrero del año pasado de 83 que por algunos testigos de los que habian presenciado atarantamientos sabia que los tarantulados manifestaban alegria y alivio en los síntomas, que les afligen, con la simple vista de objetos muy encarnados y alegres; pero tampoco juzgamos negarles absolutamente. Nuestra suspension se fundaba en que para calificar estos hechos de ciertos, no habia observaciones exâctas que lo acreditasen, no habiendo por el contrario motivo para despreciarlas, por solo no haberse observado con esquisito cuidado, quando no es lo mismo no notarse este ó el otro hecho, que no haber aparecido ó poder aparecer. ¿Quántas veces aparecen, y se advierten fenomenos dignos de la mayor atencion? Y otras muchas mas no se dexan registrar por falta de oportunidad para que se manifiesten. Si la otra de *Jorge Baglivio* no hubiera conducido á los curiosos observadores del presente caso á presentar al mordido la agua y moverla, no hubieran advertido con complacencia el efecto de alegrarle el semblante y provocarle la risa, ni tampoco se hubiera comprobado con la experiencia lo mucho que á los atarantados deleytan los colores vivos y brillantes, encarnado, azul &c., bien al contrario del negro, que aumenta su indisposicion. Si los referidos observadores, vuelvo á decir, no se hubieran valido para sus experimentos de las noticias de *Baglivio*, ó si hubieran carecido de ellas, es mas que verosimil que no les hubiera ra ocurrido la idea de presentarle tales obgetos. Consiguientemente, aunque en el enfermo se hallaba aquella disposicion para que variamente y con admiracion de los circunstantes le afectasen esos, careceriamos de tal noticia. ¿A quién pues le habia de ocurrir, al parecer, el gran desatino de presentar á un hombre en sumo grado acongojado, todo dolorido, exânime y moribundo una espada? El manejo de este instrumento es el efecto del valor y la cólera. Qué buen estado el de aquel miserable para exercitarse en tales actos. Con todo la presencia de la espada desmintió quanto se pudiera discurrir sobre las circunstancias en que se hallaba constituido el enfermo de nuestra historia. Pidió la espada, la tomó, la vibraba, y como que le infundia valor.

Es para no olvidar los fuertes estímulos á la venus que sintió el enfermo durante su atarantamiento con algunas de las mugeres que fueron á verle. Puede que dependiese de los colores de las ropas de que iban vestidas, como juzga el historiador; pero consta de las relaciones de los AA., principalmente *Baglivio*, que la mordedura de la ubea produce ademas de otros terribles síntomas regidéz del pene y empeyne. Dice pues «La «ubea ademas de los referidos afectos causa tumor

»mor y fuerte dolor en la parte mordida, espas-
»mo, rigor y sudor, frio universal, privacion de
»voz, inclinacion á vómito, rigidéz del pene y
»empeyne, inflamacion de vientre, y otros« Y así acaso será este fenomeno producto parte del veneno que afecte las de la generacion, y parte de la afecion que causa el color vivo. Es bien para notado el término de esta enfermedad, por manchas negras en todo el cuerpo, cara y brazos; con las que desapareció sin haber quedado impresion del veneno.

## HISTORIA XXVI.

*Comunicada por Don Cayetano Eclar y Muxillo, Médico de la Villa de Miguelturra, con fecha de 26 de Abril de 1784.*

En el año de 1782, á ultimos del mes de Agosto, fuí llamado á ver á *Tomas Garcia Rompegalas*, de esta vecindad, de edad de 40 años, á quien habia mordido una Tarántula en las heras de mieses de un labrador de esta Villa, al que encontré postrado en el suelo, aphónico, convulso, representando un verdadero cataléptico con respiracion dificultosa, cara y ojos rubicundos é in-

inmobles, pulso duro y magno, semejante al de los apoplécticos, y el lugar donde habia picado este venenoso insecto estaba levemente inflamado con un círculo duro tuberculoso á manera de el de los carbuncos, con unas ráfagas erisipelatosas por todo su ámbito, estando en la casa del enfermo un vecino de esta Villa llamado *Juan Cerda* templando una guitarra, á quien habian llamado para que le tocase el tañido que comunmente llaman la *Tarantéla*, por ser observacion comun en este País se curan los picados de estas arañas con la música de este tañido: y aunque me constaba por doctrina de graves y doctos AA. ser la música el propio expecífico antídoto de los infestados con dicho veneno, y como entre otros lo confirman *Baglivio*, *Mead*, *Lietaud*, *Hallen*, *Gorter* y el docto *Rodriguez Cisterciense*, quise experimentar por mí mismo la eficacia de dicho remedio; por lo que mandé al dicho *Cerda* empezase á tocar su música, observando con exâctitud lo que acontecia en el enfermo, y ví con admiracion que á poco tiempo de oir la *Tarantéla* empezó á mover los pies, guardando el compas del tañido, aumentándose dichos movimientos por muslos, brazos, tronco del cuerpo y cabeza con bastante violencia, tanto que llegaba á levantarse

el

el cuerpo mas de quatro dedos; con cuyos movimientos succesivamente aumentados llegó á levantarse de la cama saltando con un arreglo increible, y moviendo á un mismo tiempo todas las partes de su cuerpo, lo que duró por el tiempo de dos horas, al fin del qual cayó como exânime. Entonces mandé reponerle en la cama, y levemente abrigado se le administró una pthypsana diaforética, y sudó copiosamente quedándose libre del todo, y en su recto uso de razon: en cuyo estado permaneció hasta otro dia por la tarde casi á la misma hora, en la que le repitió el syndrome de los mismos referidos síntomas, y se socorrió del mismo modo sin recidibar, ni haber padecido desde entonces hasta el presente invasion alguna de esta naturaleza.

## HISTORIA XXIV.

*Comunicada por D. Sebastian Serrano, Cirujano de Miguelturra, en carta con fecha de 26 de Abril de 84.*

En el Julio del año de 56 mordió la Tarántula á *Josepha Martin* en un sitio que llaman *Cabeza Ximeno*. Desde el sitio en que fue mordidida vino como una verdadera loca, queriendo insultar á quantos encontraba, de tal modo que llegada á su casa fue menester encerrarla en una sala hasta que *Antonio Muñiz* empezó á tocar el son de la *Tarantéla*. Al oirle se sorprendió la enferma, y luego empezó á baylar furiosamente, á que se siguió copioso sudor, con lo que se sosegó. Púsose en cama y continuó el sudor. Es de advertir que la referida enferma era de genio adusto y taciturno; por cuyo motivo se admiraban las muchas gentes que allí concurrieron, y mas al ver que una muger de tal genio en la segunda recidiba que tuvo, inmediatamente que oyó el tañido de la *Tarantéla* se arrojó de la cama en camisa, sin reparar ni prevenir cosa alguna para su honestidad.

Reflexîonando sobre lo que dice *Matiolo*, que los atarantados rien, lloran, saltan y baylan, y se hacen semejantes á los frenéticos, borrachos y locos; no nos explicamos decisivamente sobre la locura; pero sí por lo correspondiente al reir, llorar &c. Esta historia acredita que la locura se explica alguna vez en el principio del tarantismo como producto del simple veneno tarantulino.

Quando se escribió la descripcion del tarantistismo hecha por *Baglivio*, se dixo: »Que las don»cellas y mugeres, siendo por otra parte hones»tas, sueltas las riendas del pudor suspiran, ahu»llan, executan movimientos indecorosos, des»cubren las partes obscenas«; pero sentamos en la crítica sobre la manifestacion de las dichas partes que esta accion y los movimientos indecorosos y obscenos son los efectos secundarios del tarantismo, esto es seguidos á la música, como se verifica en la anterior historia. Pero no se debe negar que alguna vez dexe de acontecer en el primer estado ó grado de tarantismo, pues en esta misma observacion se ha notado en él la locura; y siendo tan propias de esta semejantes acciones, podrán ocurrir en él. Al contrario, el alivio que sienten los tarantulados corriendo es efecto del simple veneno sin que sea agitado por la música. Así sucedió al mordido de la Historia XXIV, que se paseaba con celeridad y desorden. Prueba esto la gran fuerza de la música en ciertas circunstancias que enagena y hace olvidar á la mas recatada doncella y honesta muger su mayor sagrado, que es el pudor; y tambien el que demulció la furia de aquella loca, puesto que al oirla se sorprendió.

HIS-

## HISTORIA XXVII.

En el año de 67, á 10 de Julio, mordió otra á un pastor llamado *Juan Pela*, en el que no encontré mas que los regulares síntomas, á excepcion de que se advertia en él un mirar con una atencion extraordinaria, haciendo muchos ademanes de querer en el tiempo de su bayle abrazar al que tocaba, que era *Bernardo Gomez Barbé*.

No es facil adivinar qué sentiria, ó de qué modo ó cómo se moveria este tarantulado durante el bayle, quando executaba ademanes de abrazar al que tañia acompañados de miradas con una atencion extraordinaria. Acaso los colores de las ropas de que estaria vestido le moveria, ó por un impulso secreto de la música manifestar en aquellas demostraciones su correspondencia al favor que con ella recibia complaciéndole tan á su satisfaccion.

No llegó este pastor á la estremada locura del Capuchino que refiere el P. Anastasio Kircher; pero quizás si el objeto que le causaba tan estraños ademanes le hubiera podido manosear, la hubiera excedido. Por lo que la transcribiremos

 to-

tomándola del quinto tomo de la Palestra Médica del Cisterciense Rodriguez.

A un Religioso Capuchino, en la Ciudad de Taranto, mordió una Tarántula. O el temperamento del enfermo ó la naturaleza del veneno de la bestia, ó uno y otro fueron parte para que el enfermo estuviese muy ridículo en los movimientos de su paroxîsmo. Llegó esta noticia al Eminentísimo Cardenal Cayetano, Arzobispo de aquella Metropolitana, quien llevado de la curiosidad quiso concurrir al Convento para ser testigo de aquel parte lastimoso, parte extravagante espectâculo. Llegó la hora de administrarse la música medicina, comenzó el enfermo sus saltos y ridículos ademanes, los que con otros circunstantes algo apartados miraba el Eminentísimo.

Reparó en medio de su bayle nuestro enfermo en la púrpura cardenalicia, y parando de improviso aquellos movimientos fixó la vista y toda su atencion en el color purpureo. Aquí fue sumamente rara su mudanza con gestos, ademanes, suspiros y otros movimientos, explicaba como atónito un vehementísimo amor y apetito de abrazarse con la púrpura. Crecia esta especie de amor loco á un extremo formidable. Por una parte le agitaba aquel deleytoso aspecto expli-

ca-

cado por todos sus sentidos, que le inducia á arrojarse por la púrpura; por otra le detenia en parte la reverencia; y de todo esto resultaba el caer repetidamente en lypotimia. Reparado esto por el Eminentísimo Procer tuvo gusto de quitarse la muceta y entregarla al enfermo. Aquí fue troya. No hay madre mas tiernamente enamorada de su hijo, puesto entre sus brazos, y llena de locos y afectuosos extremos, que se comparen á los que nuestro enfermo hizo con la muceta. Las lágrimas, los abrazos, los ósculos, los ademanes amorosos hasta quererla introducir dentro de su pecho; baylarla, festejarla como si fuese la dama mas querida. Todo esto proseguido en alto grado hasta concluirse con aquellos mismos bayles y movimientos el paroxîsmo. Prosiguiéronse los dias siguientes los bayles y sanó el enfermo.

## HISTORIA XXVIII.

*Comunicada como las dos anteriores por el mismo Serrano.*

En el año pasado de 1770 mordió una Tarántula en las heras á un muchacho hijo de

*An-*

*Antonio el Serrano*, que fue quien me avisó para que fuese á verle; y en efecto pasé á su casa, y en el suelo de su patio estaba tendido, y observé que el color de su rostro se presentaba de un color plumbeo, y los ojos como casi arrojándose de las orvitas; el cuello y la mayor parte del dorso estaba rígido, y el enfermo con un desasosiego grande, presentándose la respiracion corta y anhelosa. En este estado pasé á hacer inspeccion de la parte dañada, y encontré una pequeñísima solucion. A esta acompañaba en toda su circunferencia una especie de tuberosidad de un color rojo oscuro, y desde él salian como una especie de ráfagas mas rubicundas. Acaeció que antes de acabar de hacer el reconocimiento entró *Bernardo Gomez Barbé*, que es el que comunmente en esta Villa toca el tañido que aquí llaman con el nombre de la *Tarantéla*, y empezando á tocar, empezó á hacer el enfermo unos movimientos como de undulacion, los que poco á poco se aumentaron hasta que puesto en pie se arrojó á baylar con precipitado movimiento con que rompió en sudor. Por apurar si estaba la causa en este género de tañido le dixe al *Barbé* (sin que lo percibiese el enfermo) que mudase de tañido. Lo executó: é inmediatamenmente con furor y con un semblante de dementado le dixo: *no es eso. Toque Vm. el otro, que con ese me mata.* Con cuya advertencia volvió á tocar la *Tarantéla*, y bayló hasta que sudó copiosamente. Se le metió en la cama, y duró el sudor y quietud del enfermo como tres horas. Pasadas estas volvieron los mismos síntomas que se desvanecieron repitiendo la referida sonata, habiéndole acometido en el término de dos dias quatro ó cinco veces, con lo que quedó enteramente libre de su dolencia.

## HISTORIA XXIX.

Estando de Gobernador en Almodovar del Campo, Pueblo de la Mancha, el *Sr. D. Gabriel Amando y Salido*, del Consejo de S. M., y actual Corregidor de esta Ciudad de *Toledo*, fue noticioso por los naturales del dicho Pueblo que en aquel territorio y en el de casi toda la Provincia se criaban ciertas arañas en el campo, cuya figura era muy parecida á la uva negra, y su veneno comunicado por mordedura tan activo y de tan particular naturaleza que causaba funestos efectos, y consiguientemente la muerte, si en tiempo no se socorria al mordido con el anti-

ve-

veneno de la música *Tarantéla*, y no con otra sonata. Ponderáronle la actividad del veneno y la infalibilidad del remedio en determinadas circunstancias. Tanta fue la admiracion de este Caballero, que se negó á creerlas por mas protestas que hacian y seguridades que daban, acreditándolo con algunos casos de tarantismo ocurridos allí, de que habian sido testigos. Sin embargo se negaba á todo, diciendo que si no lo veía no lo creeria. Ofrecé la casualidad que fuese mordido de la Tarántula, durmiendo en el campo, un mozuelo de quince años que se empleaba en guardar ganado. Siguiéronse los regulares síntomas, y luego á luego quedó hecho un tronco. Como sabian lo que deseaba el Sr. Gobernador de presenciar un caso semejante, corrieron á él con la noticia de que habia un tarantulado. Creyendo que era de algun Pueblo comarcano mandó poner el caballo en toda diligencia para ir á verle y observar quanto le habian ponderado; pero no fue necesario, porque le dixeron que era de Almodovar, y que le conducirian luego á su casa. En efecto fue á breve rato conducido á ella, á donde pasó dicho Sr. á verle. Le encontró falto de voz, privado de todo movimiento, tendido en el suelo con sola una almohada debaxo

de

de la cabeza, y hecho un tronco. Le habian ponderado al nuevo observador que inmediatamente que se principiaba á tocar el son de la *Tarantéla* empezaba el atarantado á baylar; y como hiciese algun rato que la tocaban, y no diese muestras del mas mínimo movimiento, quanto mas de bayle, se recalcaba mas y mas en la negativa, burlando la seguridad y seriedad de los que lo afirmaban. Habia pasado mas de un quarto de hora del tañido quando abrió los ojos el enfermo y movió un poco la cabeza. Este movimiento se fue aumentando poco á poco. Pasó á las manos, á los pies, y últimamente se hizo general hasta levantarse aquel tronco, y echar á baylar guardando el mas arreglado compás. Atónito el referido Caballero á vista de este suceso convirtió las expresiones picantes contra los que le habian querido persuadir la verdad del hecho en asombro y admiraciones, profiriendo que aun viéndolo apenas se podia creer. Bayló gran rato al son de la *Tarantéla*, sudó y se acostó. Se continuó el bayle á intervalos por tres ó quatro dias hasta cuyo tiempo no habló, y con esto se completó la curacion. Durante el bayle se observó que si se mudaba de son se paraba, y volvia á él si repetian la *Tarantéla*. Le sangraron.

Des-

Despreciaba este Caballero las relaciones de aquellos naturales, y mucho mas quando al pronto toque de la *Tarantéla* (segun le tenian referido) no daba muestras el enfermo de agitarse. Si este caso hubiera ocurrido á sugetos que no hubieran tenido propia experiencia, y que solamente hubieran sabido lo que sucedia en el tarantismo por meras relaciones ó lectura, por seguro que hubieran abandonado la observacion, quedando firmemente persuadidos ser fabuloso quanto se dice de él y de la virtud de la música *Tarantéla*. No sucedió así en el presente caso; porque asegurados de la verdad del hecho por observacion propia hicieron continuar el tañido. Y así vió con admiracion el nuevo observador quanto y aun mas de lo que le habian asegurado. La prevencion de falsas opiniones, junta á la poca constancia y paciencia, hace perder el fruto de algunas observaciones que pudieran ser útiles; por lo que se privan las ciencias y artes de progresos bien considerables. El no haberse empezado á conmover el enfermo á los primeros golpes de la *Tarantéla* pudo depender de varias causas que separadas ó juntas harian mas insensible aquel cuerpo. El temperamento del mordido, la cantidad ingerida del veneno, su acrivividad y el tiempo de su impresion, pudieran muy bien reducir al enfermo á un estado de estupor universal que fuera necesario mucho mas tiempo de tañido para dispertar los espíritus dormidos, é irritar las fibras demasiado floxas, á lo que sin duda contribuyó la sangria ó sangrias que sufrió.

Es sin disputa que el veneno de este insecto obra segun la cantidad en que se ingiere su actividad con respecto al mayor ó menor calor de la estacion, tiempo mas ó menos que ha que se comunicó, temperamento del sugeto y medicamentos que se le aplican. Todo consta de las historias de esta obra; y por lo correspondiente á las sangrias no es menos cierto que dañan, como asimismo tambien resulta de ellas. Tengase sabido que aunque luego á luego al toque de la Tarantéla no se ponga en movimientos concertados el envenenado de la Tarántula, no por eso se dexe de continuar con el remedio; porque puede ocurrir tal convinacion de causas que sea preciso largo tiempo para que se dé por sentido: sobre lo que se puede ver la reflexîon que pusimos á la historia VIII de este Escrito. Ademas que se ha visto en las anteriores historias que no siempre la dicha música, aunque cure, causa bayle ni aun movimientos (a) sensibles. No habló el enfermo hasta el tercero ó quarto dia. ¡ Estraño fenomeno ! Pudo intervenir en él ademas del referido conjunto de causas haber hecho el veneno alta impresion en la lengua y nervios que á ella se dirigen, puesto que fue la parte que tardó mas á sacudirse de él.

## HISTORIA XXX.

*Las dos siguientes historias han sido comunicadas por el Doctor Don Francisco Roch y Bru, Médico titular de la Villa de Santa Cruz de Mudela, en carta fecha 7 de Junio de 1784.*

En la Villa de Santa Cruz de Mudela, á últimos de Agosto del año de 1773, yendo un muchacho de ocho á nueve años al pago de viñas con otros á comer ubas vió una telaraña. Intentó destruirla, y aun matar la araña que la ocupaba; pero huyó el insecto á un agugero subterraneo, y se escondió. Hizola música el muchacho con una pagita á la entrada del agugero, salió por otro y le mordió en una mano. Al instante se siente de

(a) In hoc opere histor. III, IV y X.

de un vehemente dolor, y pasado breve rato decia *no poder moverse, que le daban grandes bascas, y que le parecia morirse*. En esta disposicion, compadecidos unos hombres le llevaron á su casa. Quando llegué estaba el paciente tendido en una cama, pesado y soporoso. Por intervalos hablaba mil desatinos y volvia otra vez al sueño. Se observaban brazos y piernas temblorosos, y de quando en quando daba unas encogidas, como que resaltaba todo el cuerpo. El pulso algun tanto acelerado, y en la mano mordida habia una leve intumescencia.

Dispuse cordial alexîfármaco compuesto de la confeccion gentil cordial, polvos filosóficos de cuerno de ciervo, triaca y piedras bezoardicas, y se sangró dos veces. No produxeron estos medicamentos alivio alguno. Vino un tocador de guitarra, y empezando la sonata que dicen la *Tarantéla*, levántase al momento el enfermo y se puso á baylar. Correspondia el bayle á la sonata; porque si se tocaba despacio, despacio baylaba el mordido, y si de prisa correspondia del mismo modo á la música. Dexaba de tocar el músico, y dexaba la danza el baylador; y en volviendo á la tocata, volvia el paciente á su danza. Al bayle seguia sudor que se aumentaba al paso de los violenlentos movimientos en que se exercitaba. Llegó á ser copioso y fatigado el enfermo, pidió cesase la música. Metido en la cama continuó el sudor abundante, universal y cálido con mucho alivio. Al otro dia por la mañana volvió el músico, repitió el mismo acto, á que siguió otro sudor continuado por todo el resto del dia y parte de la noche, con lo que consiguió el enfermo sacudir el veneno.

La telaraña que este muchacho intentó destruir sin duda era el nido ó bolsa donde habia de depositar los ovarios. El tiempo en que acaeció persuade que estaria entendiendo en la obra de la aovacion. Irritada huyó á su escondrijo subterraneo que le serviria de morada. Perseguiala el muchacho para matarla. A este fin la hacia música para que saliese. En efecto consiguió que saliese, pero lo executó por puerta falsa, y le mordió. No es muy regular el delirio en los atarantados. Así este como los movimientos temblorosos de brazos y piernas y convulsiones anunciaban un término fatal. Era pues de esperar hubiera perecido el paciente si no se le hubiera socorrido con la música *Tarantéla*. Las demas medicinas, lexos de aprovechar dañáron, como ha sucedido en quantos tarantismos se han empleado.

HIS-

# HISTORIA XXXI.

En 26 de Junio de 1775 pasé de esta Villa á la del *Moral de Calatrava* á visitar á un hidrópico, y su Médico me instó que fuésemos á ver un picado de *Tarántula*. Era este un joven de 24 á 25 años muy robusto. Estaba acometido de los mismos síntomas que el de la anterior observacion, con mas vómitos de bilis pálida encendidísima, tanto que decia el enfermo que le quemaba boca y garganta por donde pasaba. Se le dispusieron los mismos medicamentos que al de la historia anterior, pero sin fruto. Llegó músico, y tocando distintas sonatas, por no acordarse de la propia, no se movió el paciente hasta que á fuerza de ensayos tomó el compas y puntos de la *Tarantéla*, la que oida por el mordido se arrojó inmediatamente á baylar, y sucedió el regular sudor. Al siguiente inmediato dia partí para mi casa, y á pocos dias supe como el enfermo sanó con solo haber repetido dos ó tres veces el bayle por medio de la *Tarantéla*.

El Doctor *Irañeta* en su obrita del *Tarantismo* que acaba de publicar intenta persuadir seguridad en el método de curarle por sangrias y el al-

alkáli volatil. Funda esta certeza en seis observaciones, que es toda la alma de la obra. A la verdad la pintura que hace de los seis mordidos de la Tarántula representa los terribles síntomas del mas activo veneno de este animal. Por otra parte consta por fieles observaciones que lexos de ser útiles las sangrias conocidamente dañan. Recórranse las de este escrito, y se conocerá la verdad de lo que se establece. Ademas que así se lo han persuadido los mismos profesores que las mandaron practicar, y usaron tambien de los alexîfármacos, y alguno de ellos del alkáli volatil fluido.

El primero de quien tenemos noticia que usó del dicho alkáli en la curacion de la mordedura de la Tarántula es *Don Gabrièl Martel*, Médico titular de *Villafranca de Estremadura en Francisco Silva Portugues*. Se aplicó exterior é interiormente, á que parece siguió sudor copioso, y en veinte y quatro horas curó perfectamente sin música. Noticia que se publicó en la gaceta de Madrid del Martes 29 de Mayo de 1781, número 43, y de la que diximos tratando de los motivos de la presente obra, que nos habia sorprendido por ignorar absolutamente que en la España se criasen tales insectos, y aun quando se criaran, que fuesen tan venenosos como en la *Pulla*.

*lla.* Puede que este Médico para administrar el referido medicamento se valiese de lo que los AA. del *Diccionario Portatil de la salud* dicen voz *tarantisme* »El alkáli volatil dado del mismo mo-»do que en la mordedura de la vívora quizas pro-»duciria efectos tan sensibles en la picadura de »la Tarántula. Convidamos á los que estan en dis-»posicion de ver y tratar gentes mordidas de la »Tarántula á que verifiquen este hecho» En la observacion VII de este escrito se lee que el *Doctor Don Antonio Martinez Huete*, Médico de la Villa del *Moral de Calatrava*, tambien la usó, tanto exterior como interiormente; pero como desde luego se auxîlió al mordido con el remedio de la música no se dexaron sentir sus efectos. Lo mismo executó con *Ramon Peralta*, y *Antonio de Torres*, obgetos de la VIII y IX observacion, á quienes administró interior y exteriormente el remedio del alkáli, cuyos efectos no se pudieron observar bien (aunque dixo el *Torres que se le habia con él refocilado el espéritu*) por haberse aplicado incontinenti el de la música. Así se explica el Señor *Huete.*

*Miguel Valle* (a) con dos sangrias y bebidas

(a) Histor. XIV. de este Escrito.

bebidas alexîfarmacas corria precipitadamente á la muerte, á no ser que al tercer dia se le hubiera socorrido con la música á diligencia de una parienta del mordido. *El Doctor Ximenez* en la reflexîon que hace á sus dos observaciones (a), asegura que hubieran ciertamente muerto los dos tarantulados si no los hubieran socorrido con el expecífico remedio son de la Tarantéla. Consigüientemente persuade que en tales casos se dé de mano á qualquiera medicina, y únicamente se aplique á la música. Del mismo modo practicó sin fruto el *Doctor Rhoc* las sangrias y medicamentos alexîfármacos en sus observaciones (b). En la primera dice: «No produxeron estos medica»mentos alivio alguno« En la segunda. «Se le »dispusieron los mismos medicamentos que al de »la historia anterior, pero sin fruto« En la historia del Señor *Pereyra*, colocada en las Actas de la Real Sociedad de Ciencias de Sevilla correspondientes al año de 1772, se lee que el Cirujano á quien llamaron para que visitase á *Francisco Ximenez* mordido de la Tarántula «recetó una be»bida en que desde luego entraron la mayor par»te de los alexîfármacos conocidos; pero ningun »con-

(a) Histor. XXII y XXIII. (b) Histor. XXX y XXXI.

»consuelo experimentó en ella el envenenado« habiendo tambien desistido el mismo *Pereyra* del uso del aceyte comun, que al parecer habia empleado con alivio; porque dice, y con razon «No »era razon insistir en un medio, aunque proba»do en otras clases de venenos, todavia sin obser»vacion en el presente; y así luego que estuvie»ron prontos los instrumentos desistí de su uso«, y aplicó la música.

El Señor *Don Miguel Cayetano Soler*, Juez comisionado por el Real y Supremo Consejo para averiguar la certeza del insecto llamado Tarántula, la particularidad de su veneno y curacion por la música, recibió una informacion de los facultativos y algunos curiosos en los Pueblos de la Mancha sobre el asunto, de la que extractó lo mas esencial, y formando una Memoria la presentó al Consejo. Tratando pues de la curacion consta en ella que los dos Médicos titulares de la Villa de *Manzanares*, fundados en propia experiencia afirman »que la música es el re»medio expecífico que la naturaleza ha franquea»do á la humanidad para su defensa en un peli»gro que no puede ser mayor, llegando al ex»tremo de conceptuar los mismos profesores á im»pulsos de sus dilatados experimentos, que no so-

»lo es conveniente el uso de los remedios ale-»xîfármacos que compilan los Escritores, sino »error punible separarse del que la experiencia »ha canonizado de seguro para la perfecta cura-»cion del mortal accidente de que se trata (a).« Guiado el ciego de *Almagro*, *Joseph Recuero*, de sus experimentos músicos, dice: »Que no »puede menos de persuadirse que la imperfecta »curacion por la música en el tarantulado (*Ma-»nuel de Puentes*) dimana de los medicamentos »tan fuertes que le subministraron, casi asegu-»rando que á no haberle hecho alguno, y sí de-»xádole á su disposicion, hubiera sanado mas »pronto y mejor» (b).

En el número 12 está escrito »que el Mé-»dico del *Moral* habiendo subministrado al pri-»mer tarantulado que asistió en el año de 1780 »ocho gotas del alkáli volatil, y observado que »sin embargo de tan expecífico remedio se le au-»mentaban los síntomas del veneno, se hizo la »tentativa de la música en el modo y forma par-»ticular que resulta de la declaracion del Presbí-»tero *D. Tomas Martin Pardo* al fol. 63 y si-»guien-

(a) Memoria del Sr. Soler, num. 9. (b) Num. 11 de la misma Memoria.

»guientes de la informacion, y se logró con ella »restablecer á un hombre que tenia sus funcio»nes enteramente abolidas. Los Médicos de Man»zanares, como queda dicho, llaman *absurdo pu»nible valerse de otro medicamento que el de la »música*, y acreditan con la experiencia que aun»que llegue su socorro estando ya sincopizados »y tan decaidos que parezca que la naturaleza »no puede admitir medicamento alguno, surte »el infalible buen efecto de su curacion perfecta »sin dexarles expuestos á repeticion.«

Al número 13. »Aunque algunos facultati»vos han usado de medicamentos alexîfármacos, »siempre han recurrido como principal al de la »enunciada música, á la que declara el Médico »del *Moral*, fol. 57, por único, eficaz, seguro »y bastante auxîlio para la completa curacion de »la referida dolencia, sin tener necesidad de re»currir á otro. Los de *Manzanares*, fol. 22, por »único, hallando inconvenientes en el uso de los »demas. El de *Daymiel*, fol. 16, que es infali»ble; y el Cirujano de la Brigada, fol. 50, que »es suficiente y seguro estando el sensorio co»mun en aptitud.«

De lo dicho hasta aquí se infiere que las sangrias, alkáli volatil y alexîfármacos no son tan po-

poderosos remedios en la curacion del tarantismo como quiere persuadir el *Dr. Irañeta*; y que únicamente le es la música *Tarantéla* ó alguna otra sonata análoga al veneno. No por esto se debe excluir de la clase de remedios los mas eficaces el alkáli, el que se podrá y deberá usar en todo caso que no haya proporcion de emplear el de la música. Ello es que el *Dr. Huete* no fió de él, quando sin esperar á ver sus efectos se acogió en los casos que le ocurrieron á la *Tarantéla*. La sangria lexos de aprovechar, como pretende el autor, daña en opinion de los Médicos que la han practicado en los envenenados de la Tarántula. Esto mas largamente consta de las historias de la presente obra. ¿Pues qué se deberá responder á la razon, al parecer concluyente, que resulta de las seis observaciones del *Campo de S. Roque*, particularmente quando en todas ellas aparecieron los mas fuertes síntomas del tarantismo, se curaron con sangrias y alkáli, y sin música? Negar la vehemencia de los síntomas parece voluntariedad, y poner en duda la fe del historiador. Conceder tal eficacia á las sangrias y alkáli que corrijan efectos tan funestos, constando lo contrario de observaciones numerosas y hechas por sugetos ingeniosos y hábiles facultati-

vos,

vos, puede ser ligereza. Y así para no incurrir en ninguno de estos extremos se debe discurrir que las Tarántulas del *Campo de S. Roque* no serán tan venenosas como las de la *Mancha*, sin embargo de los terribles síntomas con que pinta aparecieron los tarantulados.

Asegura el *Dr. Roch* (a) criarse las dos especies de Tarántulas ubeas y estrelladas en abundancia en las caudalosas acequias de la vega de la Ciudad de *S. Felipe*, su patria; pero del mismo modo asegura que no son venenosas como las que se crian en la *Mancha*, pues le picaron varias veces sin haber experimentado mas que un pequeño dolor que presto pasa, y una entumescencia qual de una picada de abejas. Asimismo es cierto, que el animal que en un país tiene una ponzoña mortal, en otro está esento de ella. Los animales que en España, Africa y América son venenosos, no lo son en Francia; sobre lo que se puede ver á *Sauvages* en Disertacion particular que escribió sobre los animales venenosos de aquel Reyno. Esto mismo se observa tambien dentro de nuestra Península. Da mucho peso á este modo de pensar lo que hemos adverti-

ti-

(a) Carta fecha 7 de Junio de 84.

tido que de las seis observaciones notadas por el autor, las cinco ocurrieron en el mes de *Junio*, y sola una en primeros de *Julio*, en cuyo tiempo no es el veneno tan activo como en los siguientes meses de *Julio*, *Agosto* y *Setiembre*. Con que tenemos que ya por el terreno donde se crian, y ya por el tiempo en que fueron mordidos los tarantulados del *Campo de S. Roque* el veneno no seria de la mayor actividad, aunque de la bastante á producir efectos algo temibles. Con todo si rebaxáramos algunos grados de su ponderada vehemencia no seria poner en duda la fe del autor, quando en referir prodigios y acreditar medicamentos el mas ingenuo se dexa facilmente llevar de tal qual cosa particular que haya notado, exâgerando sus efectos mas allá donde alcanzan sus virtudes. Esto es cierto en los mas de los que escriben de intento con alguna novedad sobre determinadas materias y medicamentos particulares.

Es para admirar, y como que causa estrañeza, que de los seis casos propuestos por el Sr. *Irañeta*, los cinco ocurriesen en *Junio*, quando los compilados en esta obra los mas ocurrieron en *Julio* y *Agosto*. Y así aunque se suponga de igual actividad el veneno de las Tarántulas de los dos

re-

referidos distintos paises, siempre queda á nuestro favor la razon de haber sido las de nuestros casos de mayor actividad por razon del tiempo en que mordieron; en cuya estacion es constante que no solamente el veneno de este insecto toma mayor actividad, sino el de todos los demas animales ponzoñosos. Conclúyase, pues, con decir que acaso las Tarántulas del *Campo de S. Roque* no tienen veneno tan pestilencial como las de la *Mancha*; y que á esta menor actividad se agrega el que aquellas mordieron en tiempo en que se observa menos. Por esto las sangrias, los alexîfármacos y el alkáli volatil parece que produxeron tan prodigiosos efectos, no habiendo en la realidad otro arcano, ni mas prodigio que el que el veneno no era de tan pestilencial eficacia, como por la exâgeracion de los síntomas que propone en cada uno de los tarantulados quiere persuadir. Estése, pues, al infalible remedio de la música, como que la experiencia le tiene bien acreditado, y despréciense como inútiles y dañosos otros qualesquiera, particularmente las sangrias; y únicamente se use del alkáli quando no haya proporcion de música, se ignore el tañido de la Tarantéla, ó no se dé con el correspondiente al análogo del veneno.

Ya

Ya que hemos manifestado nuestro parecer sobre lo principal del tratado del Sr. *Irañeta*, haremos alguna reflexîon sobre algunas proposiciones estampadas en él. Atribuye á la ligereza de los AA. que trataron el asunto, aunque por otra parte respetables, afirmar que no ha sido conocido el tarantismo hasta el siglo XV (a). La voz Tarantismo se toma en dos significaciones. Con ella se expresan los producidos de la mordedura de la Tarántula, esto es, los efectos que causa su veneno en el cuerpo humano; y nos servimos tambien de ella para manifestar los efectos de la música en los envenenados de este animal. En el primer sentido ya se ve que habrá habido tarantismos antes del siglo XV, siendo estos animales coevos al mundo; pero no en el segundo, no habiendo noticia cierta que se ensayase la música como remedio para curar el primer tarantismo hasta el referido tiempo. Y así *Dioscórides* y *Egineta* trataron del Tarantismo en la primera significacion. Por lo que gastó inútilmente el tiempo extendiéndose en probar con textos de los AA. lo que nadie negará.

Consiguientemente se equivocó en juzgar (b) que el tarantismo no está bien colocado

por

(a) Tratado del Tarantismo, pag. 71. (b) Pag. 76.

por *Sauvages* en la clase 8.ª entre los errores de la voluntad, y quiere que se hubiera colocado en la 4.ª entre los espasmos clónicos, pues que estos son sus propios síntomas. Es cierto que los movimientos convulsivos son muchas veces los efectos del veneno tarantulino. *Jacinto Gomez* (a) para que no le incomodara tanto este síntoma se metió debaxo de una arca, con lo que lograba tener sujeto el cuerpo, y que no se golpeara tanto. Pero no son tan propios, seguros y dominantes como supone. Los característicos mas bien son los efectos de una coagulacion. En efecto así lo aseguraron quantos han manejado tarantulados. Ademas que en el primer grado de tarantismo, ó para que mas bien se entienda, en la primera significacion del tarantismo hay varios errores de la voluntad, en el segundo es ciertísimo hallarse en todos: puesto que constantemente se observa que unos executan ademanes en accion de coger ó arrebatar los objetos encarnados, y huyen de los negros (b): otros gustan de manejar ramas verdes, espadas (c), zambullirse en el agua, y deleytarse con ella: las mugeres aun las mas pudorosas arrojarse á baylar, descui-

 dan-

(a) Histor. 35. (b) Histor. 24. (c) Ead. Histor.

dando de la decencia (a), y manifestar las partes obscenas; y los mas baylan. ¿Quién, pues, dirá que no hay en tales casos, que son los mas de los que hasta ahora han ocurrido, error de la voluntad? Si esto es cierto, como efectivamente lo es, está bien colocado por *Sauvages* el tarantismo en la clase 8.ª, puesto que este *Mr.* entendió por tarantismo el bayle seguido á la música, en el que se halla mas conocidamente enagenado el entendimiento y no los precisos efectos del veneno, que aunque tambien se explican alguna vez por cierta enagenacion ó error de la mente, no son tan freqüentes.

Tambien parece que se equivoca *Irañeta* quando afirma llamarse la Tarántula *stellio*, *solfuga* ó *solifuga*, creyendo que es lo mismo *Tarántula* que *Terrantola*, que dice el Italiano. Este animal es una especie de lagartija que se cria tambien en la *Pulla*, y algunos llaman *Estelion* por lo estrellado: bien que por esa razon se podia del mismo modo llamar *estelion la Tarántula.* Es la tal lagartija venenosa, y su mordedura mata. Llámase *Terrantola quia sub terra delitescit*, y *Solfuga* ó *Solifuga quia solem effugit.*

SI-

(a) Histor. 26.

## SIGUEN LAS HISTORIAS DE OTRAS PROVINCIAS.

### HISTORIA XXXII.

Hallándose *D. Bernardo Perez Caballero* en la Villa de Montemolin, del Partido de *Llerena*, y Provincia de *Estremadura*, á primeros de Julio del año de 1764, cerca del medio dia oyó decir con ruido *un tarantulado, un tarantulado.* Preguntó, é informado de lo que era, concurrió con otros compañeros á ver aquella novedad. Vió que el que decian mordido de la Tarántula estaba tendido en la cama, y que le estaban tocando el son de la *Tarantéla*, que saben muy bien algunos de aquellos naturales. Notó una gran quietud al principio, y aun juzgó por entonces que ó le habian engañado, ó que no era digno de admiracion el suceso. Pero luego que de intento dexaron de hacer la música, el que antes se veía con sumo sosiego de cuerpo y tranquilidad de ánimo, se observó lleno de congojas é inquietudes, revolcándose en la cama con lamentables suspiros, diciendo *que se moria*, y *suplicando por Dios que tocasen.* Inmediatamente que se empezó el son de la *Tarantela* calmaban las ansias y desasosiego quedando en una per-

fec-

fecta quietud, y el semblante se componia manifestando por él no solamente el dicho sosiego, sino tambien una bien notable alegria. En este éxtasis (permítaseme usar de esta voz) ni movia pie ni mano, ni hizo algun otro movimiento sensible. Al ver esto fue su admiracion tal que no le ocurrian expresiones con que ponderar la novedad que le causaba tan prodigioso fenomeno. Se continuó la música por cerca de 24 horas, en cuyo tiempo quedó bueno; no habiéndose observado que produxese otro efecto que aquel éxtasis en que las potencias arrebatadas con la harmonía y los sentidos corporales blandamente titilados, se mantenian suspensos y como extáticos: al modo de un hombre distraido por tenerle preocupado alguna especie altamente impresa en la imaginativa.

Es bien raro el éxtasis que causó la música en este tarantado, suspendiendo potencias y sentidos, y sin movimiento alguno sensible en brazos, piernas, ni en otra parte. En algunas de las historias antecedentes se ha visto que no siempre la música ocasiona bayle ni aun movimientos poco perceptibles en manos y pies. El efecto constante de la tarantéla ó qualquiera otra sonata análoga al veneno es la alegria. Segun el grado

de

de esta ó es movido el tarantado á executar algunos movimientos particulares permaneciendo tendido en la cama, ó á los generales del bayle. Alguna vez es precisado á que se mueva solamente el estómago con cierto movimiento de dilatacion y contraccion, causando, si es fuerte su impresion, vómitos, y no experimentándose tal efecto quando no lo es tanto, como consta de las historias.

Tiene una gran conexîon esta historia con el efecto que produxo la música en la siguiente observacion de las Memorias de la Academia de las Ciencias de *París*, *año 1707*, *pag. 7*, principalmente sobre la calma de la calentura y síntomas que le acompañaban.

Un músico enfermo de tercianas cayó el séptimo dia en un delirio complicado de desvelo. Durante él no hacia sino llorar y gritar desde la mañana á la tarde. Su imaginacion no le ofrecia sino imágenes espantables, que le tenian en una agitacion continua. Calmado el delirio al dia 10, pidió con instancia que se tocase un concierto en el aposento. Concurrieron al instante los amigos con instrumentos. Al primer golpe de arco animó el enfermo, lloró de alegria, y no sintió calentura mientras duró el concierto; pe-

pero aun no se habia concluido quando volvió á caer en su primera enfermedad: de modo que fue preciso nuevamente recurrir á la música, que produxo el mismo efecto. Retirados los músicos suplicó al que le asistia cantase, y aun que no era la voz mas suave no dexó de aprovecharle. En una palabra, curó al fin de diez dias con el auxîlio de los conciertos que se tubo cuidado de tocarle en diferentes veces.

Tambien parece ser muy semejante al siguiente caso. Dice *Mr. de Sauvages*, «que trató »á un joven con una calentura remitente, que »le causaba todas las tardes un dolor de cabe»za tan violento, que no podia descansar sino con »el ruido de un tambor. Así que sus amigos pa»ra contentarle estaban precisados á tocarle en »el aposento; y este ruido, que aturdia á todos, »procuraba al enfermo un alivio maravilloso, aun»que en estado de salud no gustase de la músi»ca, y mucho menos de la de esta naturaleza (a)».

HIS-

(a) Clase VIII. Tarentismus Musomania, pag. 272. tom, VII.

## HISTORIA XXXIII.

Siendo Cirujano del Lugar de *Arisgotas*, jurisdiccion de esta Ciudad de *Toledo*, *Joseph Gonzalez del Castillo*, que lo es al presente de la Villa de *Orgaz*, fue llamado en el mes de Julio del año de sesenta y ocho ó sesenta y nueve á visitar á *Joseph Lopez*, de edad de 38 años, de estatura regular, árido, de naturaleza biliosa, y maestro de texeria. Le vió sumamente acongojado y lleno de fatigas con encendimiento. Preguntado por la causa, respondió que habia estado trabajando en la texera, que dista media legua de dicho Lugar, y que habiéndose echado al fresco aligerado de ropa y pecho descubierto, quedádose dormido, dispertó á causa de haber sentido que le habia picado sobre la parte hepática un bicho, lo que inmediatamente le causó un ardor grande é inquietud. Reconocida la parte mordida no se descubria señal ó vestigio de mordedura, ni aun aquella elevacion ó tuberculo que se observa en qualesquiera mordedura, aunque sea de los insectos comunes, mosquitos, pulgas, arañas &c. El bicho ó insecto, que guardaba en un zapato medio estruxado, tenia configuracion de araña grande, muchas

chas patas, y su magnitud como de un real de plata, color de uba tinta, y alguno de los circunstantes aseguraban ser el musgaño por asemejarse á la araña en cuerpo y patas; pero su cuerpo y color era distinto. Le aplicó á la parte la *triaca magna* y el unguento *gummi elemi*, y que interiormente tomase la misma triaca disuelta en agua, y la de su pasto que fuera de las rasuras de cuerno de ciervo. Volvió á verle al siguiente dia, y dixo que estaba sumamente sofocado, y que sentia mucha picazon en la parte mordida. Ordenó que se refrescase segun lo pedia la estacion y continuase con lo ordenado. Comunicó el caso con *Don Francisco Jayme*, Médico titular del dicho Pueblo. Recurrió á sus libros, y entresacó uno ó dos que trataban de animales ponzoñosos, como vívora, escorpion, musgaño &c. donde decia haber otro animal llamado *Tarántula*, cuya mordedura era venenosa y la música su remedio. Con esto se quedaron ambos á observar. Sin embargo le previno el referido Médico que si al tercer dia le hallaba gravemente acongojado practicase evacuacion de sangre, aunque con cautela. Pasó el dicho Cirujano á visitarle, y le informó que habia estado muy inquieto, y que únicamente la agua le habia dado algun alivio reconciliando el

sueño al amanecer del dia quarto con el canto de las golondrinas que andaban en su mismo aposento, el que le parecia calmaba todas sus interiores disposiciones. Recurrió con este relato al *Dr. Jayme*, y acordaron que saliese el enfermo donde hubiera gentes con quienes pudiera divertirse, y que se observase cómo se hallaba el siguiente dia. Con efecto salió de casa, fue al rio donde lavaban, oyó cantar con gran complacencia á las lavanderas, cuyo canto conocidamente le aliviaba y le desvanecia aquella melancolia, interior desazon ó ansiedad, ó cosa tal, que no sabia expresar bien el enfermo, y que le parecia hallarse mejor. Pero sobre todo, lo que mas calmaba sus síntomas era el canto de las golondrinas. Nuevamente acudió al Médico el Cirujano con este informe, y se convinieron en que al siguiente dia usase de algun instrumento, vihuela &c., para observar los efectos de esta música; á cuyo efecto se le preguntó si sabia tañer, y respondió que sí. Efectivamente se divirtió tañendo la vihuela, con lo que reconoció grande alivio, durmió y comió bien; quedó en continuar con la música, y el Cirujano se despidió, habiéndole dexado libre sin otros auxîlios que los dichos. Hoy 3 de Marzo de 83 vive. Los referidos profeso-

 res

res congeturaron que el insecto que mordió al texero fue *Tarántula* , aunque aseguraba el *Dr. Jayme* que en su edad que era de 70 años no habia visto ni oido decir que tal animal fuese conocido por dichas tierras. Solamente se fundaba en haberlo leido.

Es indubitable que el animal que mordió al texero fue *Tarántula*. Así lo convence la configuracion y grandor de la araña que guardó en el zapato, como el color de uba tinta, que dice tenia. Del mismo modo pone este juicio fuera de toda duda el conjunto de síntomas propios efectos del veneno de la Tarántula ; y aun mas el alivio que sentia con la música. Bastante notable es el fenomeno de aliviarse *al oir cantar las golondrinas y las mugeres quando lavaban*. Sobre el canto del hombre ya tenemos en la historia un caso en que despues de haber sido socorrido con un concierto el músico enfermo de tercianas , retirados los que se le daban rogó á un asistente que cantase ; y aunque la voz no tenia dulzura, con todo le aliviaba , pero del canto de las aves no tenemos aun observacion alguna. Es de juzgar que si se sigue esta con escrupolosidad se note que el canto ó música de las aves , igualmente que el de instrumentos

tos de ayre y cuerda y voz humana, con la diferencia de mas ó menos, aprovecha en el tarantismo.

## HISTORIA XXXIV.

En las Actas de la Real Sociedad de Ciencias de Sevilla, correspondientes al año de 1772, hay el extracto de una Disertacion que *D. Juan Pereyra*, Socio de Número y primer Consiliario, escribió del tarantismo, prodigiosos efectos del veneno de la Tarántula, y maravillosa utilidad de la música. Contiene una observacion muy particular; pero antes de transcribirla copiaremos la introduccion, en la que bien claramente expresa la docta Sociedad su sentir contra el de los AA. que impugnamos en esta obra. Empieza así:

Quando la actividad del *Dr. Mead*, cuyo tratado copia, no fuera bastante á persuadir la fe del *Sr. James* para hacerle creer la exîstencia del delirio tarantulino, porque á la verdad solo habló por tradicion, era preciso en buena crítica hubiese deferido á las de *Eliano*, *Joseph Escaligero*, *Andres Scoto*, *Atanasio Kirkerio*, y lo que es mas á la de *Epifanio Ferdinando*, *Ulises Aldrovando* y *Jorge Baglivio*, testigos fidedignos y ma-

mayores de toda excepcion. Entonces, pues, no se hubiera deslizado á tratar como fábula é impostura una verdad tan real y exîstente como la luz. Prevenido de las siniestras relaciones de dos Caballeros Ingleses se atrevió á violar el respeto debido á unos Escritores veraces, sinceros, ingenuos, cuyas instrucciones en esta parte son tan ciertas, como que igualmente somos nosotros testigos oculares de semejantes tragedias y curaciones. El Diccionario universal de Medicina del nominado *James* anda en manos de muchos eruditos y Médicos doctos, y leido sin esta advertencia pondrá en desconfianza sobre el asunto á todos aquellos que ó el terreno ó su agena profesion no les haya puesto á la vista algun tarantulado. *Por lo que prevenimos que todo quanto contra un hecho tan constante expone y dice es absolutamente falso y perjudicial á la práctica de la Medicina.* El *Sr. Pereyra* lo demuestra en la admirable pieza que vamos á extractar, empezando por la observacion que da motivo á todo ella, y dice así:

»*Francisco Ximenez*, natural de esta Ciudad »(Sevilla) al sitio junto al Pópulo, labrador y »soltero, de edad de 30 años, seco y bilioso, es»tando en Julio del año pasado de 1767 traba-

»jando en una de las heras que forman en el
»Campo de S. Sebastian una madrugada, al po-
»nerse un capote por el demasiado fresco que
»hacia, y sobre el que habia estado echado toda
»la noche, sintió en la ala inferior de la oreja
»izquierda una picada tan dolorosa como la de
»una abispa. Echó mano al sitio del dolor, y en-
»contró un cuerpo estraño que con ímpetu y li-
»gereza sacudió y tiró al suelo. Viólo, y recono-
»ció ser Tarántula. Intentó seguirla y pisarla, pe-
»ro no pudo mas que intentarlo, porque al pri-
»mer paso que dió en su seguimiento se halló
»sorprehendido y embargado con una dolorosa
»y universal rigidez que le imposibilitaba mover-
»se. Cayó en tierra convulso, cubierto de sudor
»frio, fatigas y congojas que al punto empezó á
»sentir. Acudieron los compañeros llenos de es-
»panto y compasion: hicieron los mayores esfuer-
»zos por levantarle y que anduviese, pero todo
»en vano. Viéndose con aquel hombre tan alta-
»mente fatigado, y sin poderle aliviar por la dis-
»tancia en que estaban de los regulares recursos,
»resuelven finalmente ponerle sobre un asno, y
»entre dos costales de paja le conduxeron á su
»casa, donde llegó como á las nueve del dia.
»Buscáronme, no me hallaron. Llevaron un Ci-

»ru-

»rujano, quien actuado por el enfermo del ori-
»gen de su accidente recetó una bebida en que
»desde luego entraron la mayor parte de los ale-
»xîfármacos conocidos, pero ningun consuelo ex-
»perimentó con ella. Ya era la una de la tarde
»quando yo llegué, y me encuentro no con un
»hombre sino con un cadaver. Tan corta era su
»vitalidad. El estaba con unas imponderables fa-
»tigas y ansiedades, el color inclinado á cetrino,
»con continuados vómitos coléricos, la nariz afi-
»lada, los ojos desencaxados; en una palabra, la
»cara mortal ó moribunda. Cubrialo un sudor
»universal copioso y frio, y nada se percebia de
»pulsos. Agregáronse unos dolores en las tivias
»ó espinillas tan agudos y acerbos que decia no
»tener con quien compararlos. Ello es cierto que
»en sus ayes y lamentos manifestaba ser de la
»mayor violencia. Sorprendióme tan formidable
»scena, y preguntado de la causa, respondióme
»con la relacion antecedente. Mostróme el sitio
»ofendido, y solo se observaba en él una pe-
»queña puntura como la de una aguja rodeada
»de un círculo rojo de poca elevacion, y sin
»particular dolor. Cerciorado del asunto no res-
»taba mas que aplicarle el remedio. Era el pri-
»mer caso que me habia ocurrido, sobre que
»re-

»retenia las doctrinas que acerca de ella da Ba-
»glivio en su nunca bien celebrada Disertacion
»de Tarántulas, que eran las únicas que hasta
»entonces habia visto. En efecto sobre la fe de
»su palabra ordené se buscaran instrumentos que
»hiciesen un buen concierto, y mientras se jun-
»taban le hice frotar la oreja con aceyte comun,
»y tomar en repetidas doses interiormente como
»tres quartillos. Hasta las nueve de la noche solo
»usó de este auxîlio, y aunque no venció del to-
»do las congojas, ansiedades, suspiros y dolores,
»sin embargo los moderaba, y el vómito ince-
»sante calmó desde la segunda toma. No era ra-
»zon insistir en un medio, aunque probado en
»otras clases de venenos, todavia sin observacion
»en el presente: y así luego que estuvieron pron-
»tos los instrumentos desistí de su uso. No creí
»pudiese sobrevivir á la primera visita; pero ello
»es que llegó hasta la hora dicha, y con alguna
»pequeña remision en los síntomas, á reserva de
»los dolores, que se mantenian. Empezaron, pues,
»á tocar varias sonatas, y al punto comenzaron
»á calmar todos de un golpe: en tal conformi-
»dad que á poco de empezar un minuet, cono-
»cido con el nombre de la *máscara de Cadiz*,
»llegó á decir estaba perfectamente bueno, y co-
»mo

»mo si tal cosa hubiera tenido. El pulso volvió
»á descubrirse igual, fuerte y ancho. Recobróse
»el color perdido, desapareció el sudor, y se di-
»siparon los dolores, rigidez, suspiros, ansieda-
»des y congojas con tan improvisa prontitud, que
»admiró al numeroso concurso que lo miraba, y
»aun á mí mismo. En este estado dexaron de
»tocar, y estando los músicos comentando y dis-
»curriendo sobre el prodigioso efecto de la mú-
»sica, á poco tiempo volvió el enfermo de nue-
»vo con fuertes y repetidos lamentos á quexarse
»de los violentos y crueles dolores de piernas,
»recurriendo otra vez la contraccion de pulsos,
»frialdad universal y fatigas; bien que no en tan
»alto grado; pero clamando con instancia se rei-
»teró el citado minuet, y al instante se sosegó
»y disiparon todos los síntomas. Esta alternativa
»de aliviarse con la tocata y revivir los acciden-
»tes en parando se observó muchas veces en la
»noche y dos siguientes dias que duró el caso.
»En cada una habia notable remision, de modo
»que se conocia ir paulatinamente mejorando,
»hasta que al fin del triduo se desvaneció todo,
»sin que despues haya tenido novedad ni repeti-
»cion alguna. Fueron testigos de este espectácu-
»lo los Señores *Buendia* y *Romeral*, á quienes
»mo-

»movió la sabia curiosidad del fenomeno por no »haberles ocurrido en su práctica lance igual.« Sigue la Sociedad con su extracto.

Esta puntual y bien dibujada observacion desmiente varias circunstancias sentadas y establecidas por los mas clásicos AA.: bien que todo ello puede atribuirse á la diversidad del terreno; pero es conveniente, dice el Autor, notarlo y advertirlo en honor de la verdad. Dícese comunmente que solo en la *Apulia* son venenosas las Tarántulas, y ya se ve que tambien lo son en *Andalucía*. Tambien se predica ser necesario para la curacion de los tarantulados que salten, brinquen ó baylen hasta sudar, en cuya evacuacion piensan consistir el remedio. Mas en este caso se ve que sin movimiento alguno, sin salir de la cama, sin baylar ni tener mas sudor que el que excitaba el veneno, sanó perfectamente. Decia sin embargo sentir ímpetus grandes por salir en camisa y hacerlo; pero que no haberlo executado fue porque no le tuviesen por loco. ¿Por ventura seria que el veneno de la que mordió no era tan fuerte como el de las que refiere Baglivio? Igualmente se tiene por propiedad característica el que se renueven los síntomas al cumplir el año; y ya del nuestro han

 pa-

pasado cinco sin volver á despertar. La verdadera conseqüencia de esta opinion no es que unos mientan y otros digan verdad: no el que no haya tal veneno como pudieran inferir los críticos vulgares: no el que se exâgeren demasiado sus producidos, ni otra alguna que pueda perjudicar la realidad de los hechos y buena fe de los historiadores; sino que la precisa desigualdad de los paisês, la idiosincrasia del insecto y del mordido, y otro cúmulo de circunstancias que alteran generalmente las qualidades de los cuerpos, son la verdadera causa de haber faltado en el presente suceso muchas de las notadas por los Médicos Italianos. ¿Quál es la que produce siempre unos mismos efectos sin diferencia alguna? La mas uniforme y unívoca, digámoslo así, bastardea innumerables veces, ya en el tamaño, ya en la figura, ya en los demas accidentes.

Es muy notable en esta historia, que no la Tarantéla, sino el minuet llamado la máscara de Cadiz, fuese la sonata análoga á aquel particular veneno, como lo fue la cadena en la historia del Baglivio. Asimismo este tañido calmó todos los síntomas sin bayle y sin otro movimiento sensible, como lo executó la música Taran-

té-

téla en el tarantulado de Montemolin, cuyo caso presenció D. Bernardo Perez Caballero, y es la primera historia que se compiló de las correspondientes á otras Provincias. Parece que tuvo sudor el enfermo; pues dice la Sociedad: y sin tener mas sudor que el que excitaba el veneno sanó perfectamente. Esto mas bien prueba la conformidad de la historia de Sevilla con la de Montemolin, quando en ninguna de las dos se notaron movimientos sensibles, sino una especie de éxtasis en que se advertian con la música suspensos sentidos y potencias. Dedúcese de esto, que no siempre la música, aunque apropiada y cure el tarantismo, causa bayle, ni aun movimiento alguno sensible: consiguientemente que no es preciso el bayle para conseguir la curacion. Basta únicamente que mueva los nervios á cierto grado, aunque no fuerce al bayle.

## HISTORIA XXXV.

*Comunicada por D. Felipe Joseph Garcia, Cura del Orcajo de los Montes de Toledo, con fecha de 12 de Marzo de 1785.*

Jacinto Gomez, de 16 años, de salud robusta, pobremente mantenido, estando en el dia 8 de Ju-

Julio del año de 1775, á las 7 de la tarde, recogiendo unos haces de trigo, al levantar uno para cargársele en la cabeza fue mordido en el lado izquierdo del pecho, que tenia descubierto, por una Tarántula. Causóle poco dolor al morder; pero á breve tiempo fueron vehementes y universales los dolores, y empezó á entorpecerse é hincharse tanto que en el corto tiempo de quatro ó seis minutos no pudo andar, y apenas le cabia la ropa. Fue llevado á su casa, que distaba un tiro de bala, en manos agenas, y quando llegó le brincaba el cuerpo con tal fuerza, que tuvo á bien meterse debaxo de una arca para que esta le sujetase algo tan violentos movimientos. Mientras llegó el Cirujano, y se enteró del mal, se mantuvo inmoble y hecho un monstruo, sin vista, habla ni oido. Serian las ocho y media quando se le tocó una guitarra con son determinado, y se advirtió que con los dedos gordos de los pies hacia los compases del son; por lo que conoció que era el mal mordedura de Tarántula. La curacion se executó de este modo. Le sostenian en pie dos hombres, y tocando el instrumento hacia con los pies, mudándolos algo, todos los compases del son, y con el cuerpo algun movimiento arreglado. Luego que se juzgagaba estaria fatigado se le echaba y arropaba en la cama. Sudaba, y despues se repetia la misma diligencia del son, bayle y fatiga. A pocas veces que se repitió esto se deshinchó y quedó en estado de poderse levantar, y baylar él solo hasta unas 40 horas, en que se vió que estaba perfectamente sano. No tomó en el tiempo de su cura mas que caldo, ni ha tenido desde entonces mal alguno, siendo en el dia de los mozos mas robustos y sanos del pueblo.

Siguiendo este Sr. Cura en notar algunas particularidades de la música Tarantéla y su eficacia pone el siguiente parrafito. »Mas es tan efi»caz el son (de la Tarantéla) bien tocado, que »teniendo algo en la mano para comer ó beber, »ni comerá ni beberá sino á los finales del di»cho son.« Aun se puede asegurar mas, que si comiese ó bebiese el atarantado, estándole tocando, mascaria y tragaria al compás de la sonata.

Se vió al atarantado de la Historia XXII, *Joseph de Molina Zacarias*, baylar durmiendo. Tampoco es este el único caso. Refiere *Platero* en el libro primero de las Observaciones, que vió en Basilea baylar á una muger dia y noche sin interrupcion por casi un mes. Nombró el Magistrado algunos hombres robustos para que bay-

baylarán con ella; de modo que en cansándose uno, baylaba otro, y cansado aquel, otro. Lo mas particular de este bayle era, que aunque la saltátriz tubiese precision de sentarse *para tomar alimento y dormir, aun en este tiempo se agitaba con continuos movimientos.* ¡Quánta pues mayor eficacia se requiere en la música para hacer baylar á un dormido, que para que no coma ni beba un dispierto! Si la música es capáz de mover el cuerpo en aquel estado de laxîtud que tiene en el sueño: ¿por qué no se ha de hacer insensible á qualquiera otra impresion, que no sea la de la música, estando despierto?

FI-

# FILOSOFIA DE LA MUSICA.

## *Con respecto á sus efectos en el cuerpo humano.*

¡Qué poderoso influxo tiene la música sobre el cuerpo humano! ¡Qué extension de imperio sobre los afectos del espíritu! ¡Y qué impresiones tan prodigiosas causa en nuestra máquina! En todas las edades se ha conocido su eficacia para mover afectos, calmar pasiones, suavizar costumbres, disponer los ánimos á emprender cosas grandes y curar enfermedades. ¿Qué otro uso tiene en los templos, en los campos de batalla, en las diversiones y regocijos así públicos como privados y en el tarantismo? A la verdad aplicada la música con un exquisito conocimiento de las circunstancias de los presentes con oportunidad y tiempo debido causa asombrosos efectos.

Aunque descartemos muchas relaciones de poëtas é historiadores que por muy exâgeradas no merecen algunas sino el desprecio, como la de *Plutarco*, en que dice que un *Thaletas* (a), natural de *Creta*, libró de una peste á los Lacedemonios con

(a) Rodriguez, Palestra Medica, tom 5. Discurs. 1. num. 30.

con la energía de su lyra, tenemos otras muy creibles aunque prodigiosas. No tiene conexîon la música con el vicio pestilencial del ayre, en quien reside la causa de la peste. No se concibe medio ni modo con que esta pueda corregir la infeccion. Pudiera únicamente precaver algunas disposiciones acomodadas á recibir el contagio. El susto y el temor disponen á los hombres á contraer enfermedades mas bien que á los alegres y festivos. En los asedios de las Ciudades se observa que enferman mas y mas pronto los cobardes, pusilánimes y tímidos que los de espíritu fuerte. Los ocupados del terror y sobresalto estan con las mejores disposiciones á impresionarse de qualquiera vicio que tenga el ayre. Al contrario, los alegres no tan facilmente se prenden de las causas comunes morbosas. Con que solamente por esta parte se puede permitir que la música alegrando los ánimos y avivando los espíritus precaviese á algunos del contagio, no siendo muy poderosa la causa ó vicio del ayre.

Pero hay otras relaciones que supuesta la actividad de la música son verosímiles, y se les puede prestar asenso sin motivo de arrepentimiento. No merece reprehension quien crea que una cierta y determinada sonata de las que inspipiran valor, tocada con instrumento proporcionado, como clarin, clarinete, dulzayna &c. avivada por un pecho robusto, oida por un valiente guerrero, pueda enfurecerle al grado de tomar las armas y ponerse en combate. Este es el caso de los músicos de *Alexandro*; *Timoteo* y *Antigenides* (a), que á su voluntad con ciertos tonos á propósito embravecian á Alexandro hasta tomar las armas, no sin riesgo de los circunstantes. El espíritu guerrero de este caudillo y el ardor marcial eran ciertas disposiciones para que oido por él algun tono que inspirase acometer como en las batallas, se enfureciese, saliese de sí y acometiese á los que le cercaban. ¿Qué mucho suceda esto en un racional tambien dispuesto á que se le irrete la cólera por medio dela música, quando los brutos careciendo del conocimiento á que se dirige la sonata, solamente por aquella conmocion que sienten en su máquina se embravecen y como que se disponen á acometer? El toque del clarin causa este efecto en los caballos. Vense á estos al oirle, calcitar, relinchar, estar inquietos, y como que dan muestras de marchar á acometer. La quotidiana experiencia enseña que los afec-



(a) Feijoó Teatro Crit. tom. 1. Discur. 14. num. 21.

tos se mueven al compas de la música: se mitigan unas pasiones y se encienden otras. Los hombres de groseras y bárbaras costumbres se civilizan, y los ánimos se disponen á emprehender cosas grandes.

Decia Seneca: *Non potes aliquid grande & supra ceteros loqui nisi mota mens.* No hay cosa que mueva mas el ánimo que la música. Arrebata, suspende y embelesa unas veces: otras acalora, enciende la fantasía, abre de par en par el almacen de la memoria; presenta con viveza las idéas que estaban en él mucho tiempo escondidas, agita de un modo extraño los órganos en quienes ó con quienes exerce principalmente la alma sus funciones, y últimamente la dispone para obrar fuera del órden regular. Esta bella disposicion de parte del cuerpo logró el Profeta *Eliseo* por el medio de la música. Habia este de profetizar, y conociendo sin duda lo mal humorado y dispuesto de su cuerpo para tal obra, y que le faltaba tranquilidad de ánimo, pide la música: *adducite mihi psaltem. Cumque caneret psaltos facta est super eum manus Dei*, y empieza al instante á profetizar. Dirige *Samuel á Saul á Galgala*, donde dice, que encontrará una turba de Profetas cantando al son de variedad de instrumentos. Llega *Saul*

al

al lugar del destino, halla á los Músicos, y apenas oye la música quando transformándose en otro hombre comienza á profetizar. Tanta es la energía de la música.

Pensará alguno que se alegan estos exemplares para persuadir que interviene en la música alguna virtud sobrenatural como parece en los casos propuestos. Sabemos que la música no tiene virtud directa de hacer Profetas, Poetas, &c. pero conocemos que la gran comocion que en algunos sugetos y en determinadas circunstancias produce la música alterando y de un modo expecial agitando las maquinillas ó pequeños órganos necesarios para las operaciones del alma puede ser tal, que así como la disposicion de los órganos en este estado sea mas perfecta con respecto al alma, lo sean tambien sus operaciones. La disposicion morbosa de algunos enfermos dá motivo á que así se discurra.

En las calenturas con delirio ¿qué efectos tan raros se ven? Encendido con el calór de la calentura el celebro adquiere cierta disposicion para que el alma algunas veces exerza con mas perfeccion sus operaciones con cierto noble enthusiasmo, y otras las deprava. Las caidas y grandes golpes de cabeza producen tambien igua-

les

les alteraciones en la máquina encephálica por la distinta disposicion que adquirieron los principales órganos de la residencia del alma. Recibió un sugeto de corto talento un recio golpe en la cabeza con intropresion de craneo y pérdida de sustancia cortical. Curado se advierte con admiracion, que es mas despejado de potencias. Al contrario otro de bello espíritu á causa de alguna caida ó golpe de cabeza complanados muchos de los vasos de aquellos particulares órganos, callosos ó consumidos por las materias, se trastornan y pierden toda aquella buena disposicion con que el alma antes del golpe ó caida hacia bellas funciones. La alma siempre es una en sí misma. La diversidad de operaciones reside en los órganos. Y así ó estos se viciaron con lo que se vician las operaciones del alma, ó adquirieron mayor perfeccion en su organismo con que del mismo modo perficiona esta sus operaciones.

La música pues alterando estos mismos órganos, agitándolos de un modo particular y acalorándolos no es creible que produzca semejantes efectos. Está la diferencia en que los de la caida son permanentes; y transitorios los de la música. El grande aliento que tomaron y esfuerzo que hicieron con las trompetas de *Herodoto* los soldados de *Demetrio*

*trio*

*trio* para mover una máquina bélica de gran peso hácia las murallas de *Argos* que intentaba expugnar, es creible. Lo primero porque hay sonatas que todos conocen, que inspiran aliento, é influyen al aumento de fuerzas envarando las fibras de los músculos, é irritando los espíritus que los vigoran. Lo segundo porque conspirando todos los soldados en un momento al sonido de las dos trompetas, que á un tiempo tocaba *Herodoto*, se reunian las fuerzas de todos ellos como en un punto, y obraban muy aumentadas. *Izar* es término de marina, de que usan los marineros por señal de esforzar quando concurren algunos á mover ó levantar un gran peso.

Hay en algunos Pueblos del Reyno de *Aragon* la costumbre de asalariar un gaytero para que durante el tiempo de moler ó machacar el yeso que se gasta en los edificios, fábricas de casa &c. toque su instrumento. Es cosa graciosa ver á ocho ó diez hombres, segun la cantidad de yeso que se muele, estar todo el dia con sus mazos casi sin descanso jugándolos sobre el terreno al compás de cierta sonata muy proporcionada para que medie precisamente el tiempo necesario de levantar y baxar el mazo. Bien conocen los dueños de esta maniobra las ventajas que logran con

el

el pago de aquel jornal, al parecer inútil. Son bien notorias. Una es que les estimula al trabajo, otra que se les suaviza, y otra que precisamente al llevar el compas, en lo que tienen su poco de vanidad, no pierden casi golpe en las horas de trabajo: ademas de la complacencia que sienten en seguir bien el compas confiesan que se les hace suave el trabajo, que trabajan mas, y á su parecer con mas descanso; á lo menos le llevan mejor. Si así no fuese no gastarian los dueños inútilmente los jornales del gaytero. Apenas se encontrará quien sostenga por algun rato un bayle violento si la música no le estimula, y sostiene las fuerzas. Mandándole á un baylarin que haga un exercicio igual al que hace baylando, no lo executará, y confesará que no se halla con bastantes fuerzas. Y no por otra razon sino porque la música alienta, estimúla, y sostiene las fuerzas. Es verdad que tambien interviene en esto un poco de satisfaccion, manifestando su ligereza y destreza en el compás. De hecho algo influye, pero no es tanto como vulgarmente se cree; puesto que si falta la música al que bayla, aunque sepa bien el compas, falta la viveza á los movimientos y el ayre al cuerpo. Animánse estos, si se executan arreglados á

la

la música. Con que tenemos que esta no solamente mueve los afectos, calma las pasiones, suaviza las costumbres y dispone los ánimos á emprehender arduos asuntos, sino que inspira aliento, dá fuerzas, y las sostiene, y últimamente hace suaves y tolerables los mas duros trabajos. Falta ver como obra.

Es la música un sonido modulado, sea de voz ó voces; instrumento ó instrumentos, ó de uno y otro concertados. Si el simple sonido causa en el cuerpo humano y aun en el de los brutos movimientos extraños, con mas razon el harmonioso. El rechino de dientes, executese voluntaria ó involuntariamente, extremece el cuerpo de los racionales. El fregamiento de la mano por cuerpo terso que cause determinado movimiento hace rechinar los dientes é induce en ellos estupór. Hay ciertos sonidos horrisonos para unos é indiferentes ó agradables para otros. Es displicente para oidos delicados el zumbido de la gayta y dexa en ellos por largo tiempo impresion de él creyendo que se oye el tal instrumento. Por el contrario es agradable á la gente rústica no dexando la impresion de aquel molesto zumbido. Conozco á alguno á quien desazona el órgano, y hay observaciones de mugeres que al oirle se desmamayaban. Ahullaba un perro todo el tiempo que se estaba tocando una mediana campana ó cimbalillo de sonido penetrante. Sin duda que le era molestísimo porque tristemente ahullaba mirando á la torre, con lo que manifestaba la causa de su dolor. Este efecto de algunas campanas es freqüentísimo en los perros, particularmente si son de caza. Tambien se ha observado alguna vez en los hombres. Refiere *Enrique de Heers* de una Señora de *Nàmur*, que se desmayba siempre (a) que oia sonido de campana. Aun es mas particular lo que acontecia á un criado del Caballero *Boyle*. El estridor que producia el hierro quando le amolaban le hacia arrojar sangre por las encias. Muy comun es al oir semejante rechino aplicar á la boca las manos en ademan de querer calmar cierta molestia, triste sensacion ó conmocion que se siente en dientes y encias. En este hombre era mayor la conmocion que la que regularmente se siente.

Sì estos efectos causa el simple sonido, ¿qué no podremos esperar del modulado? El *Rmo. Rodriguez* (a), Cisterciense, calmaba sus dolores de

(a) Observac. 29. citado por Rodriguez. (c) Jatrophonia num. 54. tom. 5. de la Palestra, discurso 1.

de muelas haciéndose música. Hubo hombre que al oir la lyra involuntariamente se orinaba, de modo que se le dieron algunos chascos hallándose en funciones serias. Lo mismo se cuenta de otro luego que oia un cierto instrumento llamado *Phorminx*. Un estudiante, de edad de 14 años, no puede oir sin congoja la música de violin. Lo penetrante de este instrumento le conmueve hasta el grado de hacerle sudar copiosamente, y mucho mas si es en tiempo caloroso. Siente en el corazon un movimiento acelerado de donde provendrá el aumento de la circulacion de sangre, acaloramiento y sudor. Para que este le dexe es precisado á retirarse á donde no le oiga ó le haga poca impresion.

El sonido produce tan pasmosos efectos del modo siguiente. Nace comunmente el sonido del choque ó colision de dos ó mas cuerpos, cuyas partes conmovidas tiemblan y hacen estremecer por todas partes hasta cierta distancia al fluido que las circunda; y este temblor se comunica á otros cuerpos capaces de recibirle, y que se hallan dentro de la esfera de su comunicacion: de suerte que el cuerpo sonoro tocado puede ser oido de un número infinito de personas puestas en las cercanias. Considérese el sonido para ma-

 yor

yor inteligencia: 1.º en el cuerpo sonoro: 2.º en el medio que lo comunica: 3.º en el órgano que recibe su impresion: 4.º en el alma que percibe las sensaciones de los objetos.

Se llaman cuerpos sonoros con propiedad aquellos cuyos sonidos despues del choque ó frotamiento que los produce son distintos compatables entre sí y de alguna duracion. Porque no se deben llamar tales aquellos, cuyo batimiento ó concusion solo dexa oir un ruido sordo y repentino semejante al que hace un chirrion que se descarga, el mormullo del agua corriente, ó el bramido del mar agitado. Parece que los cuerpos elásticos son solamente sonoros, y que el sonido producido por ellos es siempre proporcionado á sus vibraciones, ya sea en la duracion, ya sea en la intension ó en la fuerza.

El medio que le comunica y sirve de vehículo al sonido debe ser un cuerpo elástico capaz de recibir las vibraciones ó mejor el movimiento trémulo del cuerpo sonante. Asientan algunos que hay en la atmósfera unos cuerpos ó partículas delatoras de los sonidos que llaman *soníferas*. Ya se ve que esto es adivinar, y no debe el filósofo arrojarse á inventar ó crear imaginariamente cuerpos que no exîsten, ó á lo

me-

menos no puede manifestarse su exîstencia, quando ciertamente los tenemos, cuya exîstencia es inconcusamente recibida de todos, por quienes podemos satisfacer al entendimiento hasta dexarle convencido. Este cuerpo es el ayre capaz por su elasticidad de recibir la impresion de los sonidos y comunicarla á los cuerpos que estén dentro de la esfera de actividad. No hay físico experimental que niegue en el dia al ayre esta propiedad. Es, pues, la elasticidad cierta virtud ó fuerza que en sí tienen los cuerpos de comprimirse y dilatarse. Con muchos experimentos se podia probar que está el ayre dotado de esta virtud, sobre lo que no hay necesidad de extendernos.

Las vibraciones del cuerpo sonoro se quedarian en un profundo silencio si no hubiera entre él y nosotros alguna materia capaz de recibir y transferir esta especie de movimiento, porque el orden de naturaleza es tal que un cuerpo no puede obrar sobre otro si no le toca por sí mismo ó por alguna materia interpuesta; y de quantos han querido buscar excepciones á esta ley general se puede decir que ninguno ha dado pruebas suficientes. Pero aun quando el mismo cuerpo sonoro obrase sobre una materia, la propagagacion del sonido no tendria lugar si esta materia inflexîble ó muy mole no fuera capaz de animarse con el mismo movimiento que él. Dos condiciones son necesarias en el medio ó materia delatora para que transfiera el sonido. Debe tener una cierta densidad para que obren sus partes muy fuerte y libremente unas contra otras. Debe ser elástico; porque el movimiento de vibracion nace del resorte de las partes.

El órgano es el oido, y el objeto de este el ruido y el sonido. Diferéncianse estas dos voces ó términos en que aquel hace ó causa en el órgano una impresion confusa, originada de un movimiento desordenado ó de muchos juntos irregulares y sin orden; y este produce unas vibraciones regulares, homogeneas, y que se oyen mas distintamente. La mecánica con que se oyen los sonidos depende del mecanismo del órgano del oido, que es el siguiente.

La parte extorior de este órgano se llama *oreja*, cuyo fondo se dice *concha*. El conducto auditivo, visto exteriormente, viene á ser un cañon que nace de la *concha* y termina en el *tímpano*. Esta membrana delgada no es del todo llana; es algo cóncava por el lado del conducto auditivo. Inmediatamente despues, entrando mas

há-

hácia la oreja interior, hay quatro huesecitos que se llaman por razon de su figura el *orbicular*, el *estrivo*, el *yunque* y el *martillo*. Una parte de este, llamada *mango*, remata en el centro del *tímpano*, y sirve para extenderlo mas ó menos. La primera concavidad que está debaxo de esta membrana se llama *caxa del tambor*. Está llena de ayre, y tiene comunicacion con la boca por un canal dicho *trompa de Eustaquio*: de modo que comunicando siempre el ayre del tambor con el ayre exterior, hace equilibrio con el que ocupa el conducto auditivo. Con la *caxa del tambor* tiene correspondencia otra parte de la oreja que se llama *laberinto*, compuesto del *vestíbulo*, de tres *canales semicirculares*, y de la *coclea*.

La *coclea* es un cono algun tanto aplanado, envuelto en un conducto, que á manera de tornillo hace poco mas ó menos dos espiras y media. Este conducto que va continuamente estrechándose está dividido en toda su longitud por una tela membranosa, cuyas fibras van á parar al exe del *cono* que le sirve de corazon. Llámase esta parte *lámina espiral*, y va siempre estrechándose como el conducto que divide desde la base del cono hasta el vértice; y así las fibras que componen su diámetro se van acortando cada vez

mas

mas, á proporcion que se acercan al vértice.

El *conducto espiral* dividido en dos por la tela de que se acaba de hablar tiene dos orificios. Uno de los quales se termína en el vestíbulo del laberinto, y el otro en la caxa del tambor. Ultimamente el nervio auditivo se divide en muchos ramos que pasan al vestíbulo, y se subdividen en una infinidad de fibras que se dividen por todas las partes del laberinto. Esta es la estructura ú organismo del oido.

El movimiento tembloroso del cuerpo sonoro bate al ayre próxîmo. Comprimido este por su virtud elástica reobra contra el inmediato desplegando sus muelles reducidos á menor espacio por el movimiento impulsivo del cuerpo sonoro. Aquel obra contra el contiguo, resultando la misma accion de este sobre el mas próxîmo; y así succesivamente por undulaciones llega el sonido de cuerpo en cuerpo algunas veces aumentado hasta el oido. Esta succesion de undulaciones con mucha razon se llama vibratoria, porque el cuerpo ó cuerpos por quienes se hacen son elásticos, reobran contra los que los agitan y comprimen, y vibran. Vibracion es una especie de redoble ó reaccion de los cuerpos elásticos, ó un resalte ocasionado de su elater compriprimido antes por algun movimiento estraño ó causa externa. Llega, pues, al oido esta undulacion vibrada de cuerpo en cuerpo, y primeramente movida por el cuerpo sonoro batido. Toca el *tímpano*, comunica este á la *caxa del tambor* su movimiento, esta al *laberinto*, *coclea* y *conducto espiral*, en quienes se insertan las ramificaciones del nervio auditivo. Por este es conducida la especie al sensorio comun donde la alma la percibe. Si es desagradable la sensacion se mueve el alma á desecharla; si grata, á continuar su góce. Ama á esta como á bien deleytable, y aborrece aquella como á mal de quien naturalmente huye. Apetece todo lo que recrea, conserva y aumenta la máquina á que está unida, y huye de lo que la destruye y aniquila.

Con mas claridad se expresa el cómo se comunica el sonido al sensorio comun. La oreja externa recogiendo por su figura gran porcion del ayre movido desde los cuerpos sonoros motiva entre en gran abundancia por el meato auditorio externo, el qual llegando al tímpano le hiere y comunica el movimiento que trae, y este á las partes internas, para lo qual conduce no poco el ser esta membrana delgada, igual, seca y rígida. El tímpano por medio de los mús-

cu-

culos del martillo se extiende ó afloja, con lo qual se proporciona á la agudeza y torpeza del sentido. Tambien el músculo del estrivo contrayéndose ó aflojándose contrae ó afloja al tímpano para que claramente se perciba la especie del sonido; pues así como el ojo está de tal suerte constituido, que segun la naturaleza ó distancia de los objetos variamente se proporciona para que con claridad se vean los objetos, así tambien el tímpano se afloja ó estiende segun lo pide la naturaleza del sonido.

Por medio, pues, del tímpano los dichos huesecillos, y el ayre congénito encerrados en el meato auditivo interno reciben los mismos movimientos ó impresiones que el ayre externo causa en el tímpano, y continuándose en el ayre congénito este movimiento por los anfractos y laberinto llega hasta la *coclea*, donde hiriendo la túnica que la viste y el nervio auditorio que en ella se manifiesta, causa en él el propio movimiento que trae y ha recibido del tímpano, el qual se propaga hasta el sentido comun, y el alma se determina á su percepcion, la que es diversa segun la diversidad de movimientos que por medio del ayre se comunican á estas partes y se proponen al alma.

Del

Del mismo modo, y por los mismos medios se comunica el sonido modulado. Y así como se ha supuesto que segun la especie de sonido que se comunica al alma se determina esta á apetecerla ó desecharla, del mismo modo se ha de discurrir del sonido artificioso. Hay en el asunto una cosa muy particular, quizás no bien observada por los Físicos. Es sabido de todos la gran influencia que tiene la alma en el cuerpo en fuerza del decreto de union. Díganlo las pasiones vehementes. El miedo, el susto y la excesiva alegria afectan las partes del cuerpo de modo que las disponen á enfermar. Trae la *nimphomania* el amor insano: ocasiona la melancolia ó humor negro las continuas tristes imaginaciones: la nimia aplicacion al estudio calentando demasiadamente el celebro, y produciendo en él una flogosis ó inflamacion lenta causa la *mania.* Un temor continuado ciertamente acarrea cursos por lo comun mortales si no se ocurre á vencer la pasion; y una vehemente alegria arrarando los líquidos y conmoviendo los sólidos mata casi repentinamente.

De estos efectos que producen las pasiones nadie está ignorante. Los que se siguen, aunque tambien son freqüentes, y debiéramos tenerlos presentes, los mas no los reflexîonan ó se desentienden de ellos. Así como la música determina al alma á que en el exercicio que la excita mueva tales y tales determinadas partes: del mismo modo estas tales partes, conmovidas ya por la música, contribuyen mucho á conservar la pasion que aquella excitó. Para mas clara inteligencia sépase que las pasiones se radican en ciertas y determinadas partes del cuerpo, y se conmueven de un modo particular. La ira, aunque agita todo el cuerpo y lo pone tembloroso, particularmente irrita el higado. En esta pasion, si es vehemente, se arroja la cólera por vómito ó diarrhea con retortijones al vientre. Todo ocasionado de la conmocion de la entraña que engendra el humor colérico. Y si no se siguen los referidos accidentes ocurren otros mas perniciosos. Uno de los efectos mas notables y regulares de la ira es un pronto fastidio á todo alimento. Esta repentina mutacion del estado de apetencia al de un total aborrecimiento al alimento se debe al desórden que causa la pasion irritando extraordinariamente el parenchima elaboratorio de la cólera, y que esta se segrega en abundancia é inunda las partes próxîmas, intestinos y estómago; y de aquí la aversion á

to-

todo alimento, principalmente á las carnes.

Por el enlace y estrecha union del alma con el cuerpo tambien es movida á aborrecer ó apetecer los objetos que algunas partes del cuerpo en cierto modo alteradas y agitadas la presentan. No hablamos aquí de los cinco principales órganos ó sentidos. Conocemos que hay muchas mas partes, y acaso cada uno de los órganos, parenchimas, ó partes orgánicas de mas consideracion son otros tantos que particularmente alterados y agitados de un modo especial comunicando al alma sus impresiones la determinan á amar, aborrecer &c. ¿De qué otro principio provendrá el vómito del tarantado que causó la música en la Historia III, y el sacudimiento ó movimiento de dilatacion y contraccion en el estómago y partes á él próxîmas en el de la Historia X, sin haber habido en ninguno de los dos casos, como era regular, bayle ni otros movimientos de tarantismo? A la verdad no se deben atribuir semejantes fenomenos sino á que la Tarantéla agitaba precisamente las partes donde se habia hospedado el veneno tarantulino. En efecto se observó que con solo el movimiento de dilatacion y contraccion en el uno, y con el vómito en el otro fueron curados los dos.

Las

Las imaginaciones venereas determinan las partes de la generacion á la venus. Pero estas nadie ignora que son excitadas alguna vez soñando por la figura supina del que duerme. Es ocasionada esta situacion á poluciones involuntarias. Caliéntase con ella la espina, y asimismo la aorta descendente. La sangre que ésta conduce bastante enrarecida por el calor, baxa precipitadamente por los vasos espermáticos. Son estos irritados á la manera que lo son quando los conmueven las verdaderas imágenes venereas. Comunican por los nervios al celebro esta comocion, que es la misma que por sí sola produce la alma, y comunica por el mismo medio á las referidas partes de la generacion, produciéndose mutuamente unas causas á otras. Las imaginaciones venereas ya reales ya fantásticas mueven las partes de la generacion; y éstas movidas é irritadas *primo & per se* por alguna causa que las altera, comunicando al alma su irritacion por medio de los nervios excita las ideas venereas.

Sucede lo mismo en la hipocondría melancólica. Llamase así una enfermedad en que se hallan infartados los hipocondrios por lo comun de un humor negro, el qual; siendo así que está depositado en el baxo vientre y dichas partes,

tes, causa un delirio melancólico. Consiste este en que el dicho humor atrabilario irrita, agita, y conmueve de un modo particular los órganos de su residencia y los próxîmos, y comunicada aquella especial agitacion á la alma ó al sensorio comun, le moverá acaso del mismo modo que quando lo es por el alma agitada de alguna pasion triste. De modo que son causas *mutuo se adjuvantes*. El humor negro produce pasiones tristes, y estas continuadas engendran aquel. Por eso es tan porfiada esta enfermedad á los remedios del arte. Fomentáse mutuamente una causa á otra y mutuamente se conservan. Arroja el Físico el humor hospedado en los hipocondrios, si el achaque trabajó por mucho tiempo al enfermo, y quedaron huellas altamente impresas en la imaginativa de ideas tristes, se renuevan á qualquiera leve causa y afloxando el sólido, haciéndole perder su elater, hacen que la circulacion sea tarda singularmente en el baxo vientre donde poco á poco se va depositando la parte mas terrea de la sangre y con el tiempo adquiere las dotes y qualidades de atrabilis.

Llamase el *diaphragma* por los Médicos prácticos *sapientiæ sedes*, no por otro motivo sino por haber acreditado la experiencia que inflama-

da,

da, herida ó de qualquiera otro modo afecta se trastorna el juicio y pervierte la razon. A esta parte atribuyen los Clinicos *& morbus per sapientiam mori* de *Plinio*. Inconcusamente se ha observado desde los tiempos de *Hypócrates* que alterada la referida parte se altera la fantasía, como sucede en su inflamacion en su herida &c. de donde se debe inferir que siempre que esta membrana por qualquiera motivo se altere, agite extraordinariamente ó se conmueva, comunicará su agitacion al sensorio comun y perturbará la razon segun el modo especial con que es irritada. ¿Quién sabe si acaso el humor atrabilario irritándola por la union que tiene con las dos entreñas, hígado y bazo, sus principales oficinas causa en la melancolia la perturbacion de juicio que se observa. Es muy verosimil que así sea, porque evacuado el dicho humor á beneficio de la naturaleza ó arte cesa inmediatamente el delirio; y por otra parte se ignora que otra parte del baxo vientre tenga especial influencia en las operaciones del alma que esta. Y así no seria de extrañar que se atribuyesen á esta parte los transtornos de la razon que hasta ahora han atribuido los Médicos á sola la atrabilis.

Sabese tambien por experiencia que muchos sim-

simples ó tomados interiormente ó aplicados á ciertas partes mueven la fantasía excitando varias y extraordinarias ideas, unas terrificas, y agradables otras. Una píldora de opio tomada por *Wanswieten* para calmar un dolor produxo tan estupendo efecto, que sin inducirle sueño le hizo pasar la noche todo ocupado en delicias. Irritadas de un modo especial las fibras del estómago, y comunicada al celebro la irritacion, induxo en él tal disposicion, que como en un órgano de varios registros se abrió el que esconde las bellas ideas y se representaron al vivo: de suerte que el Autor se explica en términos de la mayor complacencia. Lo mas particular es que asegura que luego que se arrojó por vómito la píldora desapareció tanta delicia: *Manè vomitu excusa, statim efluxit illa aperens felicitas.* Su modestia no le permitió explicarse en términos mas expresivos; pero es de discurrir que las imágenes representadas eran de las que excitan la venus.

Esta virtud de mover la fantasía hácia determinados obgetos se halla sin la menor duda en varias plantas. De esta clase son todas las especies de *solano*, *cicuta*, *mandragora*, y las mas que tenian los antiguos por frias en sumo grado. Refiere el Doctor Laguna en su Dioscórides ilustratrado, que en *Metz* de *Lorena* hizo embarrar á una muger que padecia de un pertinaz pervigilio con un unguento verde que guardaba cierto hermitaño que aprehendió la Justicia por hechicero. Fue el efecto haberse dormido profundamente, y tanto que se emplearon los mas fuertes remedios para dispertarla. Al fin se consiguió; pero aquí de la atencion. Prorrumpió en expresiones de sentimiento de que la hubiesen desviado de las delicias en que se hallaba, y encarándose al marido le dió á entender que se habia vengado del agravio que creia le hacia con otra muger por el mismo medio y modo. Discurre el referido Autor que sin duda el unguento del hermitaño era compuesto de las yerbas dichas *solano*, *cicuta &c.* Es pues preciso que para mover la fantasía y representarse ideas obscenas, terríficas &c. se irriten ciertas y determinadas fibras ó nervios con un modo especial con que le hacen ciertas drogas ó plantas á diferencia de otras.

Se ha propuesto al parecer con fundamento la disposicion que se requiere de parte del hombre así por lo respectivo al cuerpo como al alma para que obre la música. Pasase á establecer lo peculiar de esta con el mismo respeto. Primeramente se debe suponer que la mayor ó menor

nor delicadeza del órgano del oido tiene gran parte en los efectos de la música. Una oreja delicada cuyo tímpano sea elástico, tenso y delicado ayudado de una gran sensibilidad de nervios tiene las mas bellas disposiciones para percibir con finura y distincion todo el primor del mejor concierto. Al contrario un oido rústico, duro, cuya membrana del tímpano no sea tan sensible, no percibirá las finuras del arte musical. ¿Pues qué si interviene la costumbre? Habituado el oido á finos instrumentos no lleva sin molestia la música de los rústicos; y el herido con freqüencia por estos no gusta de aquellos; á lo menos no siente su suavidad que tanto deleyta á otros de mas exquisito gusto.

Tambien se debe suponer la mayor ó menor sensibilidad de los nervios, y principalmente de aquellas partes internas agitadas por los afectos que en el alma induce la música. Por esta causa en unos un mismo concierto obra de distinto modo que en otros. A unos conmueve extraordinariamente quando á otros no causa mocion alguna. A unos deleyta una sonata que á otros incomoda. Depende esto de que los nervios, fibras y órganos en quienes está radicada la pasion, ó que en ellos se dexa sentir mas sus efectos que en otros, es de algun modo insensible á las impresiones del alma. Sirva de exemplo una sonata marcial de las que encienden la cólera, é inspiran valor. Oida por un joven intrépido, colérico y marcial le enfurece al grado de arrojarse á los mayores peligros; oida la misma por sugeto flemático, de humores lentos y fibra floxa le es indiferente.

Una sonata tripúdica en los jóvenes de temperamento vivo y seco casi los fuerza al bayle, y es oída con mucha serenidad de los flemáticos y ancianos, bien que por lo correspondiente á estos últimos tiene la mayor parte de su gravedad la razon. Muchos mas efectos viéramos en la música si aquella no corrigiera sus movimientos y enfrenara las pasiones para observar su fuerza en niños y locos. En estos obra desnudamente con sencilléz y con toda su natural eficacia. En los adultos corrige sus naturales ímpetus el cultivo de la razon. Tiénese por una especie de locura ó enthusiasmo enteanístico que un hombre constituido en dignidad se dexe llevar de los ímpitus que ocasione la música y se arroje á baylar. Dicen que excede los términos de la moderacion. Se puede asegurar que no está bien constituido el sugeto que no siente los efectos de la música. No puede hallarse bien con-

tem-

temperado quien resista y se muestre insensible á los naturales violentos impulsos de algunas sonatas.

Hay otras que embelesan, suspenden, y como que causan una especie de éxtasis elevando el ánimo. De esta clase es la música de los templos. Tambien hay otras pausadas de compases y puntos largos que inducen sueño. Y últimamente otras que moviendo pasiones, esto es, obrando eficazmente en el alma ó moviendo de un modo particular ciertas partes, ó especialmente afectándolas producen considerables efectos.

Supuestas las disposiciones de parte del sugeto y música, veamos cómo produce tan prodigiosos efectos. De tres modos los produce. El primero casi es un simple ó puro efecto maquinal. Dícese casi; porque á la verdad no se puede dar efecto en el cuerpo humano sin que intervenga el alma como principio senciente; pero no interviene moviendo afectos. De esta especie es el que produce en los niños de la cuna. Lloran porque algo les incomoda, y al canto de las nodrizas callan. En este caso no mueve el alma efecto alguno en virtud de la música. Unicamente atenta la criatura á aquel sonido la suspenpende, dexándola en una especie de éxtasis, y como ocupada en percibir, aunque sin discrecion, las especies de aquellos sonidos modulados, no siente la irritacion ó molestia que la ocasionaba el objeto de su llanto. Usan las nodrizas para acallar á los niños de ciertas canciones de compás y puntos largos, suaves y de melodia dulce. Consiguen con ellas quanto intentan, que es reconciliarles con blandura el sueño. Indúcese este con varios sonidos simples; el murmullo de las aguas, y el blando ruido del ayre son unos hypnóticos poderosos. Mayor eficacia se observa en algunas canciones. Sirven de arrullo é inducen naturalmente un blando sueño. No parece dificil la inteligencia de este fenomeno. El llanto es efecto de alguna triste sensacion que se reduce, qualesquiera que sea, á la clase de dolor. Este es originado de un estado violento de la fibra bastante irritada ó próxîma á romperse por causa irritante. Siempre que á la fibra se dé otro contrario estado faltará el dolor, y consiguiente el llanto. Tanta puede ser la blandura y suavidad del canto que no solamente ponga la fibra en el estado contrario al dolor, sino que la afloje hasta el grado de inducir sueño, como freqüentemente sucede.

Sá-

Sábese que el hombre quando vela tiene todas sus partes en aptitud para obrar: esto es cierta tension en las fibras. Si esta por alguna causa se pierde ó debilita viene el sueño, que es el efecto de lasitud ó flojedad de los nervios. No de otro modo obran los narcóticos sino induciendo en el sólido lasitud, y en los humores una especie de congelacion con que quedan las partes faltas de vigor, flojas é ineptas al trabajo. Aun es mas notable este primer modo de obrar la música en los brutos. No hay que recurrir en estos sino á los puros efectos maquinales, no hallándose en ellos otro conocimiento que el preciso para su conservacion llamado instinto. Dia llegará en que el prodigioso efecto de la música se vea tambien experimentado en los brutos atarantados. No habrá entonces el recurso que hay en el dia con el hombre contando para todo con la mocion de afectos, y casi olvidándose de los efectos corporeos como principales causas de algunos asombrosos sucesos.

El segundo modo de obrar la música en el hombre es en el alma. Percibe esta en la música, si le es grata, una cosa que la deleyta, y no puede gustar de este deleyte sin que tenga parte en el bien que supone, sea ó no verda-

de-

dero, su compañero el cuerpo en virtud del decreto de union. Por esta misma comunica al cuerpo tambien los tristes efectos de las especies que la desagradan. Se ha supuesto que hay partes que así como á la alma la hacen sentir ciertas especies moviendo la fantasía con un modo particular, tambien la alma mueve sobre las demas aquellas que tienen conformidad con las referidas especies. En la ira se conmueve el parenchima del hígado y sus humores mas que todo el cuerpo. Pero obsérvese que esta entraña preternaturalmente, y con un modo especial agitada por causa material, trayendo en su consentimiento al alma, excita la pasion de la ira. Alterado, irritado, inflamado, herido ó de qualquiera otro modo afecto el diafragma desquicia la razon, y produce el delirio llamado *crocidismo* y *carphologia*; y una excesiva pasion influye en el diafragma: de suerte que así en este como en el antecedente caso propuesto se influyen mutuamente, haciéndose rebeldes algunos achaques por esta mutua influencia y sostenencia recíproca de una y otra causa. Sin fundamento se atribuyen muchos afectos de melancolia á las pasiones del alma. Ello es cierto que padece el ánimo; que se advierte en gran manera abatido; y

que

que parece que está fixa la imaginacion en ideas tristes. Todo esto, volvemos á decir, es cierto. Pero la causa principal de donde dimana aquel abatimiento de espíritu es material y anidada en hipocondrios y vasos del baxo vientre.

La atrabilis ó humor negro es el que sostiene la imaginacion perturbada irritando de un modo particular las partes que le contienen, y acaso el referido diafragma por su vecindad; y comunicada esta conmocion al sensorio comun ó á aquella parte en que principalmente ó de que principalmente necesita para el exercicio de aquella funcion, la deprava introduciendo en los órganos un particular trastorno. Qual sea este es dificil averiguar. Baste saber en general que hay ciertas y determinadas partes en nuestra máquina, que agitadas de un modo especial influyen poderosamente en el alma, moviéndola varias pasiones segun el destino de naturaleza. La figura supina del que duerme ocasiona que enrarecida la sangre arterial, que baxa por la aorta descendente, entre con el mismo grado de calor en las arterias espermáticas, y comunique á los vasos de la generacion cierta alteracion, la que comunicada por medio de los nervios al celebro excita las ideas venereas.

El

El tercer modo de obrar la música en el hombre es el de mover las pasiones y agitar las partes donde principalmente se radican. La colision ó estriegues de algunos cuerpos que causan estupor y una molesta sensacion en los dientes alteran el ánimo con disgusto; porque se siente una grande displicencia ó aversion al oirle, y el cuerpo tambien notablemente se altera, pero singularmente las encías. Manifiéstase la tal alteracion en la misma accion de aplicar la mano á la boca apretándola quando percibimos semejantes estriegues ó rechinos. El extraordinario efecto que el estriegue del hierro quando le amolaban causaba en el criado del caballero *Boyle* prueba quan raros y poderosos son los simples sonidos. ¿Quánto mas se deberá esperar de los modulados?

De toda esta doctrina se infiere que la harmonía ó sonido modulado tiene una gran fuerza é imperio en el hombre, tanto para mover afectos como para imprimir en sus órganos cierta virtud en moverlos, ó de algun modo afectarlos, cuya afeccion comunicada al alma los reproduce, ó por sí inmediatamente los conserva y aumenta. En el verdadero atarantamiento aparece esto con todas las luces de una sólida verdad. ¿Quán-

tos

tos de los atarantados sin saber qué es baylar con compás y sin él, sin saber qué es *Tarantéla*, antes bien con aversion natural al bayle, al oirla son forzados á él por su virtud con todo el primor que exîge aquella sonata? Las mas de las historias de este escrito así lo acreditan. Pero trátese el asunto con ingenuidad. La referida doctrina solamente prueba que conducidas las especies de la música por el órgano del oido y nervio auditivo al domicilio del alma mueven el afecto segun fuere la clase de sonata; ó que esta sin tener respeto al alma, por lo que esta mueve de afectos, como acontece en las bestias, irritadas algunas partes del cuerpo destinadas por su autor á alguna obra ó designio, se ponen por sí en accion, resultando de ella que comunicada por los nervios al sensorio comun traiga en consentimiento á la alma, y reproduzca aquella misma accion. Esto bien parece que así se entiende. ¿Pero no igualmente el que una determinada sonata, qual es la Tarantéla, y no otra, haya de tener tal energía que ponga en accion un tronco (No es, pues, otra cosa un hombre constituido en el mas alto grado de atarantamiento.) comunique fuerzas tan extraordinarias como son necesarias para seguir un bayle violento por dos, tres ó mas horas, y que preste una pasmosa destreza en seguir el compás á un rústico, casi incapaz de habilitarse por la dureza de miembros y torpeza de movimientos. ¿Qué efecto puede producir la referida sonata en el alma de un atarantado próximo á morir, quando los órganos están torpes por la coagulacion de los humores, embotamiento de espíritus é insensibilidad de nervios? Acaso no se oirá, y si se oye ¿qué remisamente? ¿Hará quizás impresion en la piel, y comunicándose al interior de la máquina producirá el bayle? Podrá ser que algo contribuya el sentido del tacto; pero es de juzgar que la causa principalísima de estos raros fenomenos en el tarantismo como bayle sea la especial naturaleza del veneno tarantulino dispuesto á moverse é irritarse por la *Taranéla*, y á mover consiguientemente las partes que afecta. Por esto en las Historias III. y X. se observó únicamente que la boca superior del estómago se movia con un movimiento de dilatacion y contraccion con lo que se curó el enfermo, y haber el otro vomitado con la música. Verosimilmente acaeció así, porque era el estómago la sola parte afecta de todo el cuerpo; y así se vió que á beneficio del dicho movimiento de dilatacion y contraccion en

el

el uno, y en el otro del vómito producidos por la música se curaron los tarantados.

Parece confirmado con la experiencia de que bayla la Tarántula guardando el mas perfecto compás con su tocata. No á nuestro modo de pensar porque las undulaciones de la música Tarantéla vibren sus delicados nervios con proporcion al ayre undulado que la toca; sino por una cierta y especial naturaleza del veneno de este insecto propenso á agitarse por esta particular sonata. Es fuera de duda que las undulaciones de la música hieren algunas veces con bastante vehemencia á los cuerpos que la rodean. El eco no es otra cosa que el sonido reproducido por las unduiaciones del ayre batido por algun cuerpo sonante contra alguno ó algunos duros y cóncavos donde muchas se reunen; de modo que algunas veces es el eco mucho mayor que el sonido de donde dimana. Refiere el Cisterciense *Rodriguez* que notó en las sillas del coro de su Monasterio de *Beruela* que al sonar la contra *D la sol re* temblaban las maderas, y no al sonar otras mas altas, ni mas baxa, qual es *C sol faut*. En el campo Alesino, en la *Carona*, cuenta *Tomas Facello* que hay una fuente sin que se advierta considerable alteracion en sus aguas; pe-

ro

so que notablemente se entumecian y alteraban al toque de las trompetas, y como que se alegraban oyendo su harmonia, y saliendo de sus límites. Si esto se observa en lo insensible, ¿por qué no lo producirá mas bien en lo sensible por el simple movimiento de la modulacion, sin que entre en parte de modo alguno la mocion del espíritu?

## APLICACION DE LA MUSICA
### *como remedio á varias enfermedades.*

Nace el hombre con inclinacion á la música. Apenas se ha limpiado de las inmundicias de que sale bañado y los órganos sensorios entraron en uso, quando todos sus quexidos y lloros calman con la música. Es este uno de los tres primeros remedios que la experiencia ha encontrado seguros en las ocultas dolencias de los infantes recien nacidos, y acaso el mas principal por la generalidad con que se usa y su inocencia. Luego que llora, el infante aplica la nodriza el pecho á la boca, le mueve ó mece suavemente sacudiéndole con blandura palmadas en las espaldas, ó le canta. Executa lo primero juzgando que el llanto es causado de la hambre. Unas veces

ces

ces toma el pecho y mama, y despues vuelve á llorar. Otras no le toma, indicante seguro de que no es la hambre lo que le aflige. Pasa al meneo y blando golpeo que por lo comun no alcanza. Ultimamente canta letrillas de compases y puntos largos, con lo que regularmente calman los dolores y se induce sueño. Este es el remedio á que en sus apuros apelan las madres en los mas fuertes quexidos y lloros de sus tiernos hijos; y la observacion ha acreditado que les surte muy bien.

Ademas que ninguno de los otros remedios puede disputarle la excelencia tiene la ventaja de no haber inconveniente en su uso; y si lo hay grande en el de los dos. El demasiado mamar infarta, carga el estómago, le debilita, y se aceda la leche. De aquí vómitos, cursos, retortijones al vientre, alferecias y otros accidentes. Y si al mucho mamar se junta el sacudimiento ó meceo se concreta la leche formando coágulo. De hecho así sucede. Pero aunque la diaria observacion no nos lo pusiera de manifiesto, lo persuade el arte con que se separa la manteca de la leche. En algunos paises usan de odres ó pellejos, donde meneándola en cierto modo y hasta cierto tiempo se halla separada la manteca;

En otros de una vasija estrecha de barro de altura como de media vara, á que llaman *Manzradera*. Echan la leche en esta vasija, y con un instrumento de madera, que hace las veces de molinillo de chocolatera, ó de vizcochero con que se bate la pasta de los vizcochos, menean y baten la leche por cierto tiempo, consiguiendo por este medio que se separe la parte mantecosa juntándose en pelotoncillos. Despues los unen todos y forman los rollos segun los venden. La coagulacion de la leche en el estómago originada del meneo, meceo ó movimiento no está bien observada. Obsérvase sí con freqüencia, pero es atribuida á causas que realmente no exîsten.

Ninguno de estos inconvenientes se halla en la música. Por lo comun siempre produce buenos efectos calmando los dolores de los recien nacidos, é induciendo sueño. Pero quando alguna vez no los produgera tan á deseo, sino que en alguna particular circunstancia aumentára los dolores, está en el arbitrio del Médico suspenderla: prerogativa de que no gozan las mas recomendables medicinas; pues usadas interior ó exteriormente, así como necesitan determinado tiempo para obrar, continúan su alteracion por bastantánte tiempo. En la música remedio sucede lo contrario. Supóngase que no sea tal para la enfermedad á que se aplica, porque en lo general no lo sea, ó porque no se encuentra con sonata proporcionada á su causa, antes bien incomodé al enfermo y le aumenté sus males. En este caso en dexando de hacerla, en el mismo instante dexó ella de producir aquella molestia que aumentaba la indisposicion; contra lo que hacen los demas medicamentos, que así como tardan en obrar á proporcion si no aprovechan ó alteran demasiado, se necesita de tiempo para corregir sus malos efectos. Estos alteran los sólidos y se mezclan con los líquidos. Aquella únicamente los altera de un modo instantaneo con el choque del ayre modulado, sin que lleve en sí la undulacion otra cosa fisica que el modo con que hiere. Con que no llevando cuerpo estraño que comunicar (prescindamos de los casi infinitos de que está cargada la atmósfera) y siendo la sola operacion de la música originada del modo con que son heridos los nervios por el ayre modulado, no comunicará al cuerpo cosa real: consiguientemente siendo su modo de obrar instantaneo, en dexando de aplicarla cesa la molestia tal qual que pudo causar por demasiado intempespestiva ó por mal ordenada: lo que no es verificable de los demas remedios que una vez aplicados continúan obrando largo tiempo mas ó menos, segun su actividad y las particulares circunstancias del sugeto á que se aplican.

Pues si en los primeros dias del hombre por una especie de instinto se usa de un tan excelente remedio en el alivio de sus ignoradas dolencias con tanto beneficio como acredita la diaria experiencia, ¿por qué se habrá descuidado tanto la Medicina en promoverle particularmente siendo tan inocente? De este abandono se han quexado algunos Autores. Entre ellos Doña Oliva del Sabuco y el Cisterciense Rodriguez. Igualmente los dos notan el descuido en los Médicos de no haber discurrido sobre la eficacia del noble, útil é inocente remedio de la música al ver curados varios enfermos de distintas enfermedades, segun relacion de antiguos y modernos. Con todo los Médicos clínicos, que eran los únicos que le habian de ensayar han mirado este asunto con desprecio. Sin duda por no faltar á la gravedad, y hacerse ridículos en su aplicacion. Todo Médico, como qualquiera otro profesor, procura mantener la reputacion de su persona y del arte que exerce; y alguna vez aunque

que sus reflexîones fundadas en la experiencia le inclinen á tentar por analogia un remedio no comun, le retrae de la execucion la maledicencia de sus comprofesores, quienes vigilantes fiscales de sus operaciones no desean sino ocasiones para zaherirle. Parece ser este un temor bien fundado; pues por lo comun tiene el vulgo á semejantes ensayadores por extravagantes y ridículos.

Por cosa estraña se tendria que un Médico de nota ordenára que en la casa de uno que se hallase gravemente enfermo de delirio ó postrado casi al extremo, donde se notan los semblantes pálidos y tristes, y no se oyen sino profundos suspiros, ayes y sollozos, se le diera un concierto. Cierto que al parecer es ridículo, y si el ensayo no saliera bien seria objeto del mayor desprecio. No faltaria quien le insultase públicamente, á cara descubierta, llenándole de dicterios, y quizás fuera el juguete de los muchachos. A la verdad estas consideraciones retraen á los Médicos para no arrojarse aun con fundamento á tentar nuevos remedios, y solamente se atreven con aquellos, que aunque realmente pueden causar grandes estragos, no es conocido del vulgo el modo con que dañan. Compréndense en este número el soliman corrosivo, *solanum scandens* ó

 *bel-*

*bella dona cicuta* &c. Hay en estos dias atrevimiento en los Médicos para usar no sin peligro de estos activos venenos, porque se oculta su modo de obrar al vulgo; y no es instantaneo como el de la música, y no hay la resolucion de ensayar una ú otra sonata con el fin de aliviar al doliente por no abandonarse á la befa é irrision si no saliese bien la tentativa.

Qualquiera conoce la gran diferencia de riesgo que hay en el uso de aquellos al de este remedio. Es este inocente sin el mas mínimo peligro, es instantanea su operacion, y por lo mismo dexa de obrar en faltando su aplicacion, sin que dexe impresion sensible en sólidos ni líquidos, quando aquellos tenidos desde la mas remota antigüedad por unos activos venenos obran con tiempo, impresionan de su venenosidad á sólidos y líquidos, se mezclan íntimamente con ellos, y los desfiguran produciendo terribles efectos. Y lo que es mas, si no se administraron con método, no es facil corregirlos.

Es de admirar que siendo este el siglo de la ilustracion é invencion, en que cada qual piensa haber dado algunos pasos en adelantamiento de la ciencia ó profesion que exerce, no haya alguno promovido el remedio de la música con ob-

observaciones y serias reflexîones: tanto mas quanto no se ha dexado de tentar si se podian colocar en la clase de medicamentos muchos de los que la antigüedad tenia canonizados por venenosos; y por lo mismo desterrados del interior uso. *Wanswieten* promovió el uso del solimán corrosivo en la lue venerea; bien que por algunos pasages de otros AA. consta su uso anteriormente: *Stohor* la *cicuta* y el *solanum scandens*; y *Haen* unos y otros. Tambien la electricidad tiene su particular mérito y produce buenos efectos, singularmente en afectos de nervios. Y si á este nuevo medicamento se le quiere dar tanta extension, que cure casi todos los achaques, como consta de los varios ensayos hechos en las Academias de varios Reynos, ¿por qué no ha de merecer el nuestro, siendo tan antiguo, el que se practiquen algunas tentativas con él teniendo la recomendacion de excelente, fácil é inocente?

No ha faltado tal qual vez ó per mero acaso ó con estudio aplicado este medicamento á producir saludables efectos. A todos consta lo que se ha dicho arriba de la eficacia de la música en calmar los dolores en los recien nacidos. *Esculapio*, si se ha de creer á *Galeno* (a), tuvo á la música por

(a) De sanitate tuenda cap. 8.

por un poderoso auxîlio para la curacion de varias enfermedades. En efecto compuso muchas letrillas y sonatas con ese intento. El mismo *Galeno* despues de asegurar que habia curado algunos de enfermedades de ánimo por el mismo medio, coloca entre los tres primeros remedios de los dolores de los niños á la música. *Quin sicubi offenduntur, plorantvè non minimum iis doloris lenimen est nutricis papilla ori indita, quippe tria hæc doloris infantium remedia nutricibus ipso uso edoctis inventa videmus: Unum quod modo retulimus; & altera duo motum mediocrem, & vocis modulationem. Quibus perpetuo usæ non solum mitigant, sed etiam somnum conciliant, vel hoc ipso testificante natura, ad musicam eos (infantes) & exercitia suopte ingenio esse propensos* (a).

Dícese que *Teofrastro* curaba la mordedura de la vívora con la música. Así lo refieren *Alexandro* ab *Alexandro* y otros. *Quibusdam viperarum morbibus cantus fiducinum, aut tibiarum, atqualia organa artis musicæ modulatè adhibita aptissimè mederi.* Que *Ismenias*, Médico *Tebano*, y excelente Músico, curaba la ceática con la harmonía; y que *Asclepiades* con ningun medicamento cura-

(a) Eodem loco cap. 7.

raba los delirantes y dementados sino con la música. Conforme á esto es lo que refiere el *Padre Scoti* citando varios AA. en su comprobacion, que sanaba *Xenocrates* á los rabiosos con la música. Mas al intento tenemos en la Escritura la lira de *David*, que en dictamen de los juiciosos críticos *Valles* y *el Padre Calmet* fue remedio natural en la mayor parte de la melancolía, que tanto atormentaba á *Saul* (a) (b).

Lleguémonos á nuestros tiempos. Pretende *Bonet* que fueron muchos curados de la *gota* por medio de la música; y si se cree á *Ateneo*, *Crisipo* y *Desault*, y otros AA., no tiene menor eficacia para curar la ceática, alferecia y thyse. *Luis Roger*, Médico de *Mompeller*, compuso una sábia Disertacion que publicó con el título: *De vi soni & musices jatrica*, donde se leen varias observaciones que recogió sobre la eficacia de la música en la curacion de enfermedades. Afirma *Baglivio* que no solamente la Tarántula de la *Pulla*, sino los alacranes de la misma region son venenosos, y que su veneno produce los mismos síntomas: consiguientemente que los picados del es-

(a) Sacra Philosoph. cap. 28. (b) Dissert. in mus. Hebreor. citado por el Autor de la Jatrophonia

escorpion se deleytan con la música, baylan, y solamente con ella se curan, del mismo modo que si estuvieran atarantados. En confirmacion de esto alega dos historias que son la tercera y quarta de su tratado: *De anatomæ, morsu & efectibus Tarantulæ.* De que se deduce que los mordidos de escorpion se complacen con la música, baylan, gustan de manejar ramas verdes, y acaso se curarán con ella como los envenados de la Tarántula. Y si no se curaron estos fue acaso porque al primero llegó ya tarde la música, como dice la Historia, y en el segundo fue grande la virulencia y cantidad del veneno inmediatamente comunicado con el pepino al estómago.

En *Doncere del Delfinado* curan en el dia los carbuncos aquellos habitantes como antiguamente los curaban en *Roquecourbe*, cerca de *Castres.* Saxan el grano, ponen sobre las saxas sal, pimienta y vinagre, y tomando al enfermo de la mano le hacen baylar por el espacio de dos dias al son de los panderos y cascabeles. Son dignas de transcribirse aquí dos observaciones que el *Rmo. Rodriguez* en su Jatrophonia ó Medicina música trae (a) en comprobacion de la eficacia de este re-

me-

(a) Jatrophonia §. XVI. tom. 5. pag. 51.

medio. La primera, dice, que es de *Juan Michael*, y es como se sigue.

»Un caballero de genio melancólico, y que »por padecer varias irrupciones de hipocondría »tenia agotada la medicina y la paciencia incur»rió nuevamente en un fuerte paraxîsmo de es»ta misma clase con fuertes angustias y profun»dísimos suspiros. Rogaba al Médico que le auxî»liase pronto en este conflicto que tanto le moles»taba; pero á este, ya porque el enfermo era in»teligente en la música, ya porque estaba recor»rido quanto puede auxîliar la medicina, ya por»que de presto no le ocurrió otra cosa, le hizo »cantar una honesta letra con una composicion »harto vulgar, que cifrada tambien con sus no»tas se la dió á ver á nuestro enfermo. Alegróse tan»to que prorrumpió en fuerte risa, se levantó »de la cama, y mejoró de su dolencia: *Qua cons»pecta statim in profusum cachinum solutus, grava»to se levat exultans, & á gravissimo hoc malo pe»nitus liberatur.*» Es la segunda observacion.

»Tengo noticia cierta, dice el Rmo P. de »haber sucedido el siguiente caso en una de las »grandes Ciudades de nuestra España. Adoleció »una noble señora por naturaleza algo melancó»lica, de un afecto de aquellos raros, pero no »de

»de cuidado, que suelen acometer á las señoras.
»Su melancolía, la delicadeza y el afecto, aun-
»que no grande, formaban un bulto bastante cre-
»cido para la aprension de nuestra enferma. Pe-
»ro le crecieron á mucho mas el cuidado de los
»asistentes y de sus piadosos confesores. El Mé-
»dico condescendia con todos. Los Eclesiásticos
»la proponian que podia morirse. Ella daba por
»cosa de hecho la propuesta. Asentian unos, creian
»otros. Finalmente la hicieron creer, y acaso
»ella necesitaria poco, que se moria. Comenzáron-
»se los oficios propios de este lance. Ventanas cer-
»radas, luz artificial, agua bendita, Santos Chris-
»tos, y palabras exôrtatorias que despejan el ca-
»mino recto de la otra vida. La buena señora
»se iba muriendo, pero sin duda alguna no en
»fuerza de la enfermedad, sino de su aprension;
»porque haciendo algunos domésticos venir á es-
»te tiempo un Médico de fama, y de aquellos que
»no se atragantan de apariencias, este llegó á
»la cama, miró el semblante, tomó el pulso, in-
»formóse de lo que necesitaba para formar su jui-
»cio; ¿y quál fue este? Enviar desde luego, y
»no con buen ayre, á todos los Eclesiásticos á sus
»casas, hacer quitar las luces y abrir todas las puer-
»tas y ventanas; mandar que entrasen una bue-
»na

»na música de violines y otros instrumentos. Hí-
»zose todo; alegróse la enferma, mejoróse desde
»luego, y á muy pocos dias se levantó perfecta-
»mente buena con el uso de algunos pocos y
»blandos medicamentos apropiados á sus acciden-
»tes. Hoy vive, y está sana, la que muy proba-
»blemente ha ocho ó diez años que estaria en
»la otra vida.« Y debe creerse (prosigue el dicho Padre) que no seria desagradable á Dios el
apartar entonces aquellos espantos, é introducir
el concierto músico; porque no es deservicio
suyo el curar y sanar á los enfermos por remedios naturales; y le es muy desagradable que se
les quite la vida por irreflexîones y zelos indis-
cretos.

Reflexîonando sobre la historia XXXII se
copió la observacion que se halla en las *Memorias de la Academia Real de las Ciencias de París*,
correspondientes al año de 1707, de una *musomania* ocurrida en un Músico, y tomada del tomo séptimo pag. mihi 274 de la *Nosologia de Mr.
de Sauvages*. Aquí la copiaremos segun la transcribió
el *Rmo.* (a) *Feyjóo*, y de este el *Padre Rodriguez* (b)

 por

(a) Tom. I. Cartas Erudítas.
(b) Jatrophonia, num. 99, pag. 45.

por si notase el lector alguna particularidad que mereciese reflexîon.

»Un famoso Músico, gran compositor, fue »atacado de una fiebre que aumentándose suc»cesivamente al dia séptimo le hizo caer en un »violento delirio, casi sin ningun intervalo, acom»pañado de gritos, llantos, terrores y perpetua »vigilia. Al tercer dia del delirio uno de aque»llos instintos naturales que se dice hacen bus»car á los brutos enfermos las yervas que les con»vienen, le induxo á pedir alguna música para »su diversion. Cantáronsele, acompañadas debi»damente con instrumentos, algunas composi»ciones de *Mr. Bernier*, célebre artífice de músi»ca en la *Francia*. Luego que empezó la harmo»nía se serenó el rostro, se pusieron tranquílos »los ojos, cesaron enteramente las convulsiones, »vertió lágrimas de placer. Careció de fiebre mien»tras duró la música; mas cesando esta se repi»tieron la fiebre y los síntomas. A vista de un su»ceso tan felíz y tan imprevisto se repitió mu»chas veces el remedio, lográndose siempre la »suspension de la fiebre y el delirio mientras du»raba la música. Algunas noches le asistia una »parienta suya, á quien hacia cantar y danzar, »siempre con alivio suyo; y aun tal vez sucedió

que

»que no oyendo mas música que un cantarcico »vulgar de estos con que se entretienen los mu»chachos por las calles, con él sintió algun pro»vecho. En fin diez dias de música, sin otra aña»didura de parte de la medicina que una sangria »del tobillo, que fue la segunda que recibió en »todo el discurso de la enfermedad, le curaron »perfectamente.«

Sintió alivio el enfermo músico con los cantares comunes de los muchachos y danza de la asistenta: del mismo modo que el texero de la Historia XXXIII con el cántico de las lavanderas y golondrinas.

Habiendo leido la observacion antecedente *Mr.* de *Mandajors*, de la *Academia de las Inscripciones de Nimes*, deseaba se presentára caso en que experimentar por sí el efecto de la música. En efecto ocurrió en *Alais* que un maestro de danza corcobado fue acometido de una aguda enfermedad acompañada de delirio. *Mr.* de *Mandajors*, su Médico, quiso curarle con música. Admiráronse mucho los interesados y asistentes al ver hacer entrar un violin en la quadra de un delirante, creyendo que con esto se acabaria de rematar en su frenesí, y burlaban del Médico que habia ordenado remedio tan disparatado.

¡Pe-

¡Pero quál fue su admiracion quando conocieron que habia adquirido el enfermo su antigua quietud! Se sentó en la cama, acompañó con brazos y cabeza la sonata que se le tocaba; y al fin de un quarto de hora que duró el concierto se durmió con quietud, sudó, y al despertar se halló curado. Esta observacion se insertó en las *Memorias* de la misma *Real Academia de Ciencias* del siguiente año de 1708 (a).

Muy semejante es la que trae el mismo *Sauvages* en el citado lugar. Dice que trató á un joven con una calentura remitente, que le causaba todas las tardes un dolor de cabeza tan violento que no podia calmar sino con el sonido de un tambor. Así que sus amigos para complacerle y mitigar el mal les precisaba tocarle dentro de su quarto ó cámara; y este ruido, que á todos aturdia, le daba un socorro maravilloso, aunque en estado de salud no gustase de tal música.

Ultimamente la certeza de las curiosas historias de este escrito pone fuera de toda duda que el remedio de la música es en efecto un seguro antídoto contra el veneno tarantulino; y que

(a) Sauvages, Nosologia, clase 8, num. 15. Tarentismus tom. 7, pag. 274.

que bien ordenada puede ser el *nepentes* de las muchas enfermedades que deben su origen á pasiones de ánimo ó al espíritu perturbado, y un poderoso agente para poner en movimiento las causas materiales de otras. Para esto bien conocido es que se requiere en el físico una gran penetracion de las causas del enfermar, de la particular idiosincrasia del doliente, del efecto que en el caso puede producir la música de voz, guitarra, violin, ú otros instrumentos solos ó concordados, y la sonata que pueda acomodar al genio de la enfermedad. Por todo este gran espacio es preciso que pase brevemente la consideracion del Médico, si no tuviese propia experiencia de que á tal enfermedad la es remedio esta ó la otra determinada sonata; en cuyo caso tendrá poco que discurrir, pues en aplicando aquella que acreditó la experiencia ser el remedio conseguirá el alivio.

Por todas las observaciones de este escrito sin la menor duda se debe concluir que la sonata *Tarantéla* es el verdadero antídoto del veneno de la Tarántula. Con todo hay una observacion de *Epifanio Ferdinando* de un hombre de temperamento caliente y seco mordido de una Tarántula en el hipocondrio izquierdo, á quien no no aprovechó ninguna de las otras sonatas (es de juzgar ensayasen tambien la Tarantéla) y solo encontró remedio en la llamada la *cadena*. Así pues como dentro de la clase de este particular veneno, por la singularidad acaso del temperamento del envenenado, se nota la diversidad de sonata con que se curó, podrán ocurrir otros muchos casos aun de mordidos de Tarántulas en que no aproveche la *Tarantéla*, y sea preciso ensayar la *cadena*, como que consta que aprovechó alguna vez, ó algunas otras sonatas hasta encontrar con el remedio. Es de presumir que en los primeros ensayos se conducirian de este ú otro semejante modo.

Se debe suponer que mas bien al acaso que al discurso del hombre se ha de atribuir el hallazgo de este remedio, mejor diré descubrimiento; porque hablando con propiedad hallar es encontrar buscando, y no es facil persuadirse que á ningun Médico ocurriera que la música pudiera ser remedio del referido veneno. Pero ya se descubrió. Divulgariase la voz por cosa portentosa que los hombres mordidos del ponzoñoso insecto de la Tarántula se curaban con la música. Admiraria mucho esta noticia, y mas si hasta entonces habian muerto todos ó los mas de los en-

envenenados de ese mortífero tóxîco, como sucede en *Mallorca* aun en el dia, segun consta de la Disertacion que escribió de la Tarántula el Sr. *D. Miguel Cayetano Soler* para presentarla al Real y Supremo Consejo de Castilla. Procurarian algunos curiosos instruirse con qué género de instrumento, y á qué especie de sonata se sujetaba el veneno, y es regular que fueran los menos, pues es demasiado trabajo para quien no se interesa en una curacion de enfermedad, que acaso no la verá en su vida.

Otros aunque curiosos no tan activos se contentarian con la general noticia de saber que el veneno de la Tarántula se domaba con la música, sin entrar en la averiguacion de qué género de música era el mas apropiado; y los mas no se pararian ni aun á oir con pasmo la noticia. Solamente los Médicos y Naturalistas es verosimil fueran los que se penetráran mas de la admiracion del descubrimiento. Y asimismo es consiguiente que como tan interesados por hombres, como que pudieran ser inficionados del tal veneno, por Médicos, á cuya facultad corresponde el alivio de estos desgraciados, y por Naturalistas de quienes es propio, ya que no explicar los fenomenos de la naturaleza, á lo menos descri-

bir-

birlos y admirarlos, serian los únicos que penetrados del deseo de saber qué particular sonata era la que afectaba tan singularmente los inmobles cuerpos de los atarantados, procurarian informarse á fondo. Pero no pasando adelante en el exâmen aprendiendo á tocarla ó procurando que algun músico la aprendiese, quedaban aun en bastante generalidad de la noticia.

De esto se deduce que serian muy pocos los que estuvieran en proporcion de curar á los tarantulados por falta de no saber qué tocata y cómo se tañia, aunque en general supiesen muchos que la música los podia curar. Hoy sucede lo mismo en nuestra *Pulla* la *Mancha*, sin embargo de ser infinitos los casos que se presentan de tarantulados, y ser sus naturales aficionados á música. Han ocurrido freqüentes casos de haberse muerto muchos envenenados en poblaciones grandes por no haber habido quien tocase la Tarantéla, ó llegado tarde el que la habia de tocar; aunque ya se han dedicado á aprenderla los aficionados á música de la dicha Provincia. El ciego de *Almagro Joseph Recuero* es conducido con freqüencia á los pueblos de sus inmediaciones por su sobresaliente habilidad en tañerla. Asegura este que está instruido en todas las Tarantétélas que se tocan en el país; pero la particular que él usa es sin comparacion mucho mas eficaz que las demas; porque en llegando á tiempo, esto es, que el veneno no se haya difundido en todo el cuerpo, ó que no se haya altamente radicado en alguna entraña, es curado el enfermo pronta y seguramente: bien que confiesa tambien que con las otras se curan, pero ni tan pronto ni tan perfectamente.

Siendo los instruidos en la particular sonata, remedio del veneno tarantulino, muy pocos por las expresadas razones respecto de los ignorantes, si ocurria mordedura de este insecto, es regular que recurrieran á la música por la general noticia de que de ella dependia la curacion. Como ignoraban la sonata propia ensayarian varias; y este es el motivo de que los Autores que han descrito el tarantismo digan en sus observaciones que los músicos en su curacion tentaban varias sonatas hasta que encontraban con la análoga al veneno, lo que se manifestaba primeramente por los movimientos de manos, pies y cabeza del enfermo siguiendo perfectamente el compás.

Por lo correspondiente á la *Pulla Española* es de presumir que haya sucedido con corta diferencia lo mismo. No es averiguable el tiempo que ha que se usa en ella, pero se puede asegurar que su uso no es solo de nuestros dias. En esta Provincia han muerto algunos por no haber quien les tañese, y otros porque se llegó tarde. Hoy se ha extendido mucho su uso, y apenas habrá pueblo en ella donde no se hallen algunos que la sepan tañer sea en guitarra ó violin.

Volviendo al asunto del hallazgo ó descubrimiento de la Tarántéla, como seguro antídoto para disipar en el cuerpo humano el veneno tarantulino, ¿por ventura tendria origen del analogismo que hay de la vívora con él? Bien podrá ser, diria pues algun reflexîvo. Cotejados los síntomas que produce este veneno parece tener una perfecta analogia con los que causa el de la vívora. Unos y otros son de coagulacion con el mas ó menos, segun varias circunstancias del mordido, mordedor, estacion &c. El de la vívora es corregido y aun destruido con la música; fundadamente discurriria qualquiera que tambien seria curable ó disipable por el mismo medio el de la Tarántula. Que la música curase la mordedura de la vívora lo refieren, como queda ya prevenido, varios Autores. A esto se puede añadir que el del escorpion es tambien de la misma

na-

naturaleza causando casi los mismos efectos, pues los envenenados de él aficionan la música, gustan del bayle, y manejan con complacencia ramos verdes de vid, árboles y cañas; y aunque ignore el compilador de estas noticias y raras historias que ninguno de los picados del alacran se haya curado con música, pues los dos de las de *Baglivio* murieron, seria acaso la causa de no haber encontrado con la apropiada sonata, como vemos sucede con los de la Tarántula, sin que por eso se desconfie de hallarla. Ello es que estamos en una verdadera analogia, y que pudo muy bien qualquiera reflexîvo noticioso de las curaciones que habia logrado *Teofrastro* en las mordeduras de vívora con la música haber tentado en las de la Tarántula. Débense tentar tambien en las del alacran; y consiguientemente en todos los venenos de animales que comunicados al cuerpo humano produzcan los regulares efectos de coagulacion.

Siguiendo el mismo analogismo deducido de lo contenido en la Memoria anterior acerca del modo de obrar de la música en general y particular, y de las curaciones y casos particulares que se relacionan en los precedentes números de esta, se puede aplicar con mucha utilidad á otras muchas

chas enfermedades con mas que probabilidad en su curacion. Tiénese por cosa de hecho que una sonata viva y penetrante qual es la Tarantéla agita los nervios, disuelve los humores coagulados por el veneno de la Tarántula y le disipa. Y aunque concibamos en esta operacion que hay otra cosa que á la verdad no se penetra, basta al profesor esta general noticia para aprovecharse de ella en casos semejantes variando ó alterando la música. Es muy análogo al tóxico de la Tarántula el de la vívora. Ambos coagulan los líquidos y entorpecen los sólidos. No dicen los Autores con qué género de sonata se curaban los envenenados de este. Pero es regular fuera con alguna tripúdica y semejante á las de la Tarantéla. Tambien el del escorpion produce los mismos efectos, y los inficionados de él se deleytan con la música. ¿Será estraño que en la curacion de los envenenados de estas tres castas de ponzoña, y en otros que tengan alguna analogia con ella se recurra al socorro de la música? No. Antes bien si el físico ha de mover con algun conocimiento los resortes de su arte deberá valerse de este medio con la esperanza bien fundada de que producirá buenos efectos. Igualmente se debe discurrir en todas las enfermedades que convengan

con

con los efectos de los referidos venenos en los mas principales síntomas, singularmente en aquellos que mas las caracterizan.

Los Médicos que no habian tenido ocasion de ver tarantados, la primera vez que los vieron, ignorando al mismo tiempo que habian sido mordidos de la Tarántula, los juzgaron enfermos de calentura maligna coagulante. En efecto por los síntomas no se engañaban, y mas de una vez fueron tratados por tales hasta que fallecieron, ó por otro medio se descubrió ser mordidos del dicho insecto, y se acudió con la música. Una vez que los síntomas de la coagulante maligna son los mismos, no seria al parecer despropósito recurrir á este remedio, tentar varias sonatas de las de puntos y compases breves qual es la Tarantéla, teniendo presente al mismo tiempo la estacion, temperamento del enfermo, casta de epidemia, la variedad de instrumentos mas ó menos penetrantes &c. Mucha parte pudiera tener un juicio bien atinado del Médico en el extenso mapa de las varias circunstancias de la situacion del enfermo. De la recta convinacion de estas resultaria el acertado golpe de aquel; pero todo fundado en analogismo. Y así quede supuesto que no debe pasar por extravagancia la

re-

resolucion de un Médico que noticioso de los pasmosos saludables efectos de la música en desvanecer el veneno coagulante de los animales ponzoñosos *Tarántula, escorpion* y *vívora* ingerido por mordedura al cuerpo humano, ensayase el mismo remedio para la curacion de las calenturas malignas, en quienes se observan los efectos de un veneno coagulante de la misma naturaleza que el de los dichos animales.

Si los dolores de los recien nacidos se calman con la música por el simple movimiento mecánico que el ayre modulado imprime en las fibras de los tiernos cuerpos, y se concilia el sueño como la quotidiana experiencia enseña, ¿por qué no surtirá aun mejores efectos y mas prontos para lo mismo en los adultos, obrando en ellos con duplicadas fuerzas, con doble energia? En aquellos obra simplemente como un otro qualquiera medicamento, alterando solamente los sólidos por el mero movimiento mecánico. En estos alterando el ánimo y comunicando su conmocion al cuerpo, principalmente á algunas partes donde se radican las pasiones que la música excita. Efectivamente así lo practicaba el *Rmo. Cisterciense* usando de ella en los dolores que le afligian; y así lo debiera todo Médico practicar,

sa-

sabiendo que su dulzura suaviza la fibra demasiado tirada, que es en lo que consiste el dolor, y hace veces de un poderoso nepentes en la calma de él y en la conciliacion del sueño. ¡Pero con qué ventajas obra sobre el legítimo! Este no sin riesgo, no bastando alguna vez á precaver sus fatales resultas las mas acertadas reglas del arte, ni las mas prudentes cautelas del profesor, dexando impresion toda la vida de sus tristes efectos. Por el contrario, con aquel se puede entrar en su uso con la satisfaccion ya que no de conseguir la curacion, á lo menos de que no dañará; pues aunque intempestivamente ordenado produgera algun desabrimiento inquietando el ánimo, ó de otro modo alterando, está en la voluntad del Médico el que dexe de obrar luego que mande cesar; y si es cierto que *Ismenias* curaba los dolores ceáticos con ella, es otro argumento que puede animar á los mas tímidos á experimentarla en qualquiera dolor. La gota es otro achaque doloroso, y se asegura que fueron curados muchos de él con el mismo remedio. En fin no debe pasar plaza de extravagante quien guiado de un buen fundado analogismo, no solo tiente tal remedio en la curacion de las insinuadas dolorosas enfermedades, sino de todas sus semejantes.

De

De sola la música usaba *Asclepiades* en la curacion de los locos y freneticos, y con ella conseguia lo que no podia con todos los remedios mas decantados del arte. Siendo la rabia un particular delirio, es muy conforme lo que se afirma de *Xenocrates*, que curaba los hidrofóbicos con la música, de donde se deduce que siempre que el hombre padezca algun extravío en la razon, penetrando el físico su causa, ya sea espiritual, ya material, cotejadas las circunstancias de la situacion del enfermo, y la especie de perturbacion de ánimo que le aflige podrá acomodar una música que alivie la dolencia, aunque no complete una perfecta curacion. Es sabido que la música sosiega el ánimo perturbado, agita el tranquílo, y mantiene otrras veces un género de calma, si debidamente se aplica con respecto al estado de perturbacion y tranquilidad. Sábese tambien que las sonatas demasiado patéticas conmueven estremamente el espíritu. El modo como lo executa se dixo en la Memoria anterior. Ora sea porque represente distintas imágenes de las que violentaban la imaginacion en el estado preternatural, y á fuerza de la nueva impresion borre las antiguas, ó porque sacuda los órganos de algun material que causaba un parti-

cu-

cular transtorno á que se seguia necesariamente el delirio. De qualquiera modo que sea, siempre se verifica que obra benignamente y sin recelo del mas mínimo peligro. Ademas de que la experiencia de los referidos AA. nos dá á conecer quán util es este remedio para los delirantes, nada se aventura de ensayarla en tales casos con la prudencia que dicta una razon bien instruida y acostumbrada á convinar.

Los niños son como unos locos, en cuyas operaciones no tiene la mayor parte la razon por no cultivada. Obran por una especie de instinto. A estos pues hace una grande impresion la música. Facilmente les altera, y consiguientemente con la misma facilidad les muda pasando de repente del extremo de un grande llanto á una risa descompuesta. Esta inconstancia y facilidad increible en mudar afectos, sin que se observe aquel espacio de tiempo que suele mediar entre dos tan contrarios como el gozo y la tristeza, depende de la delicadeza de sus órganos, que facilmente se impresionan de qualesquiera ideas de objetos por leves que sean. Lo mismo se ha de discurrir de los locos y frenéticos. Por lo comun son de órganos delicados y el sistéma de sus nervios muy movible. A qualquiera leve impresion se agitan. Pasa casi instantaneamente esta agitacion y le sucede otra originada de distinto objeto. A esta reemplaza otra con ligero motivo; de modo que no está seriamente ocupado el ánimo en objeto determinado. Todas son vislumbres: en nada pára hasta que vigorada la razon con el cultivo, y fortificados los órganos con la edad y el corporal exercicio se fixan las idéas de los objetos, mejor se dirá permanecen; con lo que hay lugar para que la razon discurra.

Uno de los remedios mas encomendados en la curacion de la manía, melancolía y otras castas de delirios es la *variedad de objetos*. A la verdad es utilísimo; pero no es facilmente practicable. Muchas veces no se pueden poner en execucion los mas eficaces remedios del arte. Este es uno de ellos. ¿Qué dispendios, qué incomodidades no ocasiona? Es necesario viajar si se ha de llenar la idéa que promete el remedio de la *variedad de objetos*. ¿Pero con quién? con un loco; y por largo tiempo. Todo lo que este incómodo y dispendioso remedio promete, que es variar al enfermo por instantes los objetos con el fin de borrar las huellas altamente impresas que causaron otros con su continua presensencia en la imaginativa, muy bien se puede conseguir con la música de instrumento, acompañada de algunas letras acomodadas al intento. ¡Qué tropel de objetos representa momentaneamente á la imaginacion, y quántas idéas cada uno de ellos! No de otro principio nace la perturbacion ó alteracion de ánimo y conmocion de cuerpo seguidas á ella, sino del cúmulo de imágenes que hace resaltar en la imaginativa. Si fuera fácil ver un alma agitada por la música, no nos admirára su mayor perturbacion al considerar el monton de idéas que como de tropel y confusamente aparecieran. En la naturaleza es de creer que no hay remedio que llene tan cumplidamente, y tan á poca costa la idéa que promete el encarecido remedio de la *variedad de objetos.*

A la verdad el objeto á que se determina el remedio, si se verificase, sin duda se conseguiria la curacion; pero no es fácil. En la música le tiene el arte. Este remedio fácil, barato, cuya execucion no dá temor de la mas mínima mala resulta, es el que cumplidamente ocupa todo el lleno de las intenciones del profesor. Su intencion es borrar las idéas que por antiguas estan profundamente radicadas en la imagiginativa de un maniaco. Para conseguirlo parece preciso que á fuerza de nuevas impresiones se desfiguren aquellas huellas. Discurrieron los Médicos, y en efecto bien, que para imprimir nuevas imágenes que destruyeran las antiguas el único medio era variar los objetos, porque la costumbre de ver siempre unos mismos, no choca en la imaginativa. Seguidamente acordaron que el largo viajar, prescindiendo de otras utilidades que produce, pudiera llevar toda la indicacion; pues cada paso presenta á la vista nuevos objetos. No dexa de corresponder alguna vez este discurso al propuesto designio ¡Pero á qué costa é incomodidades! Si hubieran reflexîonado con seriedad los Médicos en la música y su modo de obrar hubieran sostituido al penoso, largo y dispendioso remedio del viajar el barato, fácil, inocente y eficacísimo de la música, puesto que en cada momento se renuevan de mil modos los objetos. Aunque con aquel en cada paso, con este en cada instante. Si en aquel se representan veinte, en éste veinte mil. Apenas pulsaba *David* la lyra quando desaparecian en *Saul* las melancólicas idéas que tanto le afligian. Estamos en el caso en que los Médicos del dia aconsejarian la *variedad de objetos* por el largo viajar. Pues esto to que acaso no hubiera conseguido con tan costoso é incómodo remedio, lo consiguió facilmente con la música, y si es cierto lo que se ha dicho de opinion de los mas sabios Médicos, sin duda que diversificó las idéas representando nuevos objetos. Con que se convence que aquel poderoso remedio de que espera la medicina el alivio en las porfiadas enfermedades de manías, melancolias, y otros delirios, se halla en la música bien aplicada con imponderables ventajas sobre el viajar. Y últimamente se deberá usar en lo succesivo con la bien fundada esperanza de aliviar á los dolientes.

La gota es otra enfermedad de quien se dice que fue curada con la música; y *Atenio Desault* y otros aseguran que tiene eficacia para la curacion de la ceática, alferecía y pthyse. Aventuremos este discurso. La causa material del molesto achaque de la gota, es un humor superfluo ácre, de particular naturaleza, que engendrado por vicio de alguna entraña es arrojado á las articulaciones, principalmente de pies y manos. Las causas que producen este determinado humor pueden ser muchas. La principal que no se sujeta á las reglas del arte es cierta disposicion hereditaria, ó diatesis de todo el cuerpo ó alguna en-

entraña á engendrarle. Adolecen de ella los que abusan de la venus, los dados al ocio, los entregados al vino, licores espirituosos y á la glotonería. *Baglivio* se explicó con esta frase: *Vinum venus otium & crapula sunt primi parentes podagræ, & calculorum* (a). En efecto así se observa. El vino espesando los humores y volviéndolos acres; la venus enervando las fuerzas y debilitando los pies; y la destemplanza y el ocio fatigando el estómago y engendrando abundancia de humores que la potencia ó fuerza vital de las entrañas no puede subyugar.

Bien se dexa conocer que si proviene la gota de disposicion hereditaria poco habrá que esperar del remedio de la música. Solamente se podrá poner alguna corta esperanza en una constante dieta de vegetables por año ó años, huyendo del uso de carnes y de qualquiera otro alimento que no comunique á la sangre remesas de un chilo dulce, fresco y bien trabajado. Una tal constancia podria tal vez mudar la disposicion de los líquidos, y alterar el fomento que hay en las principalas entrañas, causa porque se vician los humores. Tampoco parece deber tener lugar quan-

(a) De calculo & podagra pag, 115

quando esta dolencia tiene su origen de excesos y glotonería, ni de abuso de venus y licores. Nadie prudentemente esperará que no evitando las causas remotas, madre de la próxîma, y continuando aquellas en prestar materia ó fomento se cure la dolencia. Unos mismos efectos produce el exceso de la venus y vino. Debilitan igualmente el cuerpo, pero mas el estómago y pies. Estas son las partes que mas principalmente se resienten de su abuso. Ya lo cantó Virgilio: *Nec veneris nec tu vini capiaris amore: uno namque modo vina venusque nocent. Ut venus enerbat vires sic copia Bachis atenuat gressus, debilitatque pedes.* El resentimiento que hace el estómago en el largo uso de la venus es bien observable en los recien casados, y en todos los que brutalmente se dexan llevar del apetito sensual. Padecen equivocacion los Médicos en formar el juicio. Hacen relacion los enfermos, que tal ó tal cosa que comieron les indigestó, se agrió ó corrompió causando vómitos, eructos, ansias, cursos &c., y concluyen que la tal cosa les pervirtió la digestion. Condescienden los Médicos, pero se equivocan. Sucederia así; pero el daño del estómago provenia de otro principio, del exceso de la venus, que ademas de las muchas fuerzas que

que se pierden con el exercicio, se disipa por la masa prolifica una gran parte espirituosa del cuerpo. Las sentencias de *Hipócrates*: *Eunuchi nec podagrici nec calvi fiunt* (a). *Pueri ante veneris usum podagra non laborant*, confirman esta doctrina. Continuando, pues, en obrar estas causas no hay esperar alivio de la música, ni aun en tales casos se debe aplicar como remedio.

Se pudiera ensayar (este seria el caso de su aplicacion por remedio) quando debilitados los nervios por una larga inaccion, como sucede en los vehementes dolores, ó inculcado el humor gotoso en las baynas de los tendones, y en las articulaciones se espesa al grado de no poderse resolver con los comunes medicamentos. En muchas de las historias de este escrito se admira la fortaleza que comunica á los nervios de los atarantados la sonata Tarantéla, y la gran conmocion que en ellos causa. Movidos estos batirán los humores detenidos y los resolverán; y mas bien si el humor morboso fuese el peculiar de los nervios. Ademas, ¿quántas veces se vieron con pasmo curados impedidos de muchos años por una extraordinaria conmocion de la máquina,

cau-

(a) Lib. 6. aphor. 28. y 30.

causada por susto ú otro medio que induxese un gran trastorno en los sólidos ó en la substancia mas espirituosa del cuerpo abriendo paso por los nervios á esta misma substancia, llámese licor de los nervios, espíritus animales, suco nerveo, ó como se quiera? ¿La materia eléctrica de las exâlaciones igneas mas de una vez no curó afectos incurables? ¿como asimismo la excitada por la máquina dicha así eléctrica? ¿Pues por qué no podrá hacer la música proporcionada algun semejante efecto constando por repetidas observaciones lo mucho que agita nuestro cuerpo haciéndose violencia el sugeto para romper en ademanes, gestos, brincos y otros movimientos que no tienen conexîon con la autoridad, caracter, edad, gravedad y modales? Con todo forzado por la violencia de la música rompe en ellos naturalmente, siendo arrastrada la razon por aquella violenta fuerza. Tan poderosas son las pasiones que excita la música que se llevan tras sí la mas sana razon. Qué mucho si es nuestro cuerpo tan sensible á ella que se agita aun durmiendo. Vease la Historia XXII. ¡Qué asombro! ¡Qué admiracion! ver baylar á un cuerpo dormido. Diviértanse los mas sutiles filósofos en explicar este fenomeno.

En la curacion de los carbuncos de *Donzere* y *Roquecourbe* no es tanto la música lo que influye como el bayle. El fin á que lo dirigen aquellos naturales es al sudor que por su medio consiguen. Creen y con fundamento que todo veneno debe ser arrojado por la periferia, y ningun medicamento lo puede hacer mejor que el bayle. Ademas de la alegria y complacencia que lleva consigo, la evacuacion del sudor que promueve es capaz de poner fin á los funestos efectos del veneno mas activo. Quanto mas si está intimado en los líquidos, y es de la casta coagulante, como acontece en el tarantismo. Hay sin embargo una enorme diferencia. En el tarantismo es precisado el enfermo á viva fuerza de la Tarantéla á baylar: en el carbunco asegurado del buen efecto que causa el bayle en su curacion, bayla voluntariamente, y como se habia de executar al son de otro instrumento baylan al de las sonajas y panderetas, mas por costumbre que porque estos instrumentos tengan particular influxo.

Los verdaderos fisicos han notado que aunque por los no muy penetrantes sea tenido por lo comun el carbunco por un grano maligno que infesta la piel, y que puede con el tiempo con-

contaminar la sangre y demas líquidos y hacer perecer al enfermo, el vicio de la piel no es el único, sino que el veneno muchas veces inficiona antes la sangre dando muestras de su malicia. Alguna vez es cierto que la piel es la primera afecta é infecta, como quando proviene de haber caido alguna gota de sangre de las reses que mueren de bazo. Pero otras veces es su veneno central causado de infeccion venenosa, ó de haber comido carnes de los tales animales muertos de bazo ó de otra maligna enfermedad. De qualquiera modo que sea tiene lugar el bayle en la referida curacion dirigiéndose á promover el sudor, impidiendo que se comunique á la sangre el veneno si el vicio es tópico, y si lo fuese de toda la masa de los humores sacudiéndole de ella. No se administran con otro designio los alexîfármacos y sudoríficos en los dichos casos; pues la virtud que se les atribuye de correctivos del veneno no está bien probada al modo de otras que se atribuyen á varios medicamentos, sin mas motivo que haberlo así creido el primer Naturalista ó Médico que lo escribió.

La cancion de la honesta letrilla con que se curó el melancólico intratable de *Juan Micael* confirma la experiencia comun del grande alivio que

que concilia á los hipocondriacos y melancólicos la música. Leida con la debida reflexîon la observacion claramente se infiere que la penetracion del Médico y su sagacidad, teniendo presente el genio del enfermo y casta de dolencia, y aun quizás los objetos que mas le complacian ó desagradaban, tuvo la feliz ocurrencia de idear se le cantase alguna letra que por su expresion, composicion con que se cantaba, por quien ó del modo, ó por otro motivo, le moviese á risa. *Alegróse tanto*, dice la observacion, *que prorrumpió en fuerte risa.* Es esta el efecto de un objeto serio y ridículo. La letra en la ocasion y circunstancias formaria una semejanza de él y causaria la risa. Y por ventura no seria la música como música la que curó al doliente, sino la extravagancia de la letra y composicion cantada en aquella ocasion.

Censurará alguno de arrojo temerario que en el caso de la señora, que creia morirse, el sabio Médico consultado mandase despejar el quarto de la enferma de los conclamadores, y todo espanto que diese idea de muerte, ordenase abrir las ventanas, entrar un concierto, y usar de otras maniobras que induxesen distintas ideas de las que la tenian preocupada. Mal crítico será si así dis-

cur-

curriere. Un exquisito conocimiento de los interiores y mas finos movimientos de la máquina puso al sabio Médico en estado de poder juzgar de la disposicion interior de aquella señora, que sin duda la creia favorable. Cotejaria, quién duda, el movimiento del pulso con la viveza del semblante, y advertiria poca ó ninguna distancia de las funciones naturales. Inferiria de esto que lo que mas padecia era el ánimo, que ya sus propias ideas tristes, y ya las funestas que la presentaban los asistentes, se le habian abatido. Elevémosle, pues, diria, y conseguiremos la curacion. En este supuesto, ¿de qué medio se podia valer mejor que de la música? Efectivamente así lo executó, consiguiendo por él con algun otro suave medicamento apropiado el perfecto restablecimiento. No es nuevo que la música levante el ánimo abatido, pero este caso lo pone de manifiesto. Y así en todo caso en que se halle trastornada la fantasía con abatimiento de ánimo se debe preferir este suave, enérgico é inocente remedio á quantos propone la Medicina.

Lo mismo prueba la Historia de las *Memorias de Paris* del año de 1707. El sugeto de esta historia, que adolecia de una terciana, tenia la imaginativa perturbada, Solo se le presenta-

ta-

taban ideas tristes y terríficas que le sobresaltaban, teniéndole en continuo llanto dia y noche. ¿Qué efecto tan prodigioso produxo la música pasando repentinamente al primer golpe de arco de un llanto ocasionado de tristeza al de alegría? Calmó del mismo modo la calentura. Era regular que así sucediese: puesto que las ideas causadoras de aquel desreglo de ánimo y cuerpo se desvanecieron con las contrarias que la música presentaba. Nuevo motivo que inspira á los Médicos una gran confianza para socorrer á los enfermos de semejantes enfermedades con el referido remedio.

No se determina en la relacion de la Historia del año de 1708 qué especie de delirio fue el que padeció aquel enfermo. Pero qualquiera que fuese la música le curó; y verosimilmente es de creer que los cure igualmente todos si la sagacidad y penetracion del Médico sea tal que sepa aplicar en buen orden el remedio apropiado con el designio de borrar aquellas ideas que atormentan la imaginacion, con las contrarias. Para esto no parece ser necesario gran estudio. Con observar qué especie de delirio es, y quáles los objetos, está felizmente conseguido aplicando una sonata capaz de excitar los contrarios;

cu-

cuya aplicacion no es dificil que consiga un mediano talento.

Aun es mayor rareza la que se observó en el joven de *Sauvages*, enfermo de calentura remitente. En el aumento de esta era tan violento el dolor de cabeza que ningun remedio se le mitigaba sino el sonido del tambor. El que una determinada música calme los delirios es facil de entender y aun explicar hasta casi quedar convencido ó de algun modo satisfecho el entendimiento. Pero no lo es igualmente que un violento y vehementísimo dolor de cabeza sea curado con el impetuoso y violentísimo, qual es el horrisono y estrepitoso ruido del tambor dentro de la cámara. El violento estado de las fibras en el dolor no sufre que se las violente mas por el choque del ayre impetuosamente herido: por consiguiente parece que se debian sentir mas bien que darse por agradecidas del molesto sonido de tan grosero instrumento. Observóse lo contrario: luego porque para explicar este alivio cierto no se debe recurrir en el caso al simple modo mecánico con que obra, sino al secundario y mas eficaz de la renovacion de nuevas pasiones por la representacion de contrarios objetos é ideas.

Baxo los supuestos verídicos sucesos de haber

ber curado la música varias y distintas enfermedades podremos discurrir que bien aplicada no solo curará las hasta aquí mencionadas sino otras muchas. Se ha tenido por una especie de locura el pensamiento de algunos Médicos querer curar todas las enfermedades con un solo medicamento variamente administrado. Mucho pudiera tener de eso, si no se supiera que los mas hábiles Médicos curan con pocos medicamentos distintísimas enfermedades. Qual es su medicamento favorito la quina, qual el mercurio, qual el régulo medicinal, agua, purgantes &c. variamente administrados. ¿Qué uso nó han tenido los purgantes? ¿Qué ascendiente ha tomado en estos dias el uso de la quina haciéndola medicina católica? ¿Con qué universalidad se ha usado y aun se usa del agua de este ó del otro modo preparada? ¿Qué imperio tan estendido en las enfermedades ha adquirido el mercurio, kermes mineral, hypecaquana, y otros? Débese confesar que hay poco que esperar de las virtudes muy exâgeradas atribuidas á los medicamentos que quieren hacer pasar por universales, y de un uso casi comun en toda casta de enfermedades. Pero tampoco se debe dudar que un diestro profesor, si sabe manejar los remedios, con pocos tiene

bas-

bastante para aliviar á los dolientes en las mas de las enfermedades, á excepcion de aquellas que tienen su expecífico descubierto, que á la verdad son muy pocas.

Si esto es así, ¿por qué no podrá colocarse en el número de estos la jatrophonia ó medicamento música, particularmente teniendo las recomendaciones de poderoso, eficaz, inocente y seguro en quanto no es de temer induzca mal permanente? En lo succesivo todo Médico de nota, baxo las observaciones que quedan referidas y la doctrina que seguirá, deberá aventurar con verosimilitud este medicamento en ciertas circunstancias.

Sea la primera la clorose ó enfermedad blanca de las doncellas. Se observan en ella palidez de rostro, labios rejalbidos, encias blanquecinas, palpitacion de corazon, golpeo en la cabeza, pesadez, cansancio, abotamiento de carnes, tristeza y falta de espiritualescencia en los ojos. Todo esto es el producto de mala sanguificacion por debilidad de órganos ó algun perverso fermento que vicia la sangre. El solo uso de la escoria del hierro bien administrada, no habiendo otra complicacion, seguramente cura y con brevedad apenas increible el referido sindrome de accidentes,

 que

que mas de una vez aterran á los Médicos. Es esta una de las medicinas que obran á modo de milagro. Como lo haga corroborando el sólido para que bata con vigor la sangre y se engendre laudable, ó absorviendo los fermentos que depravan los humores de que resultan malas sanguificaciones, no nos atrevemos á determinar. Ello es que ciertamente sucede que á pocos dias de su uso se aviva el color del rostro y de toda la piel, los labios toman el color encarnado, se espiritualizan los ojos, las acciones son vivas, falta la palpitacion, torpeza de movimiento, cansancio y tristeza.

Aunque para curar la dicha enfermedad tenemos el infalible referido medicamento de la escoria: con todo el barato, facil, gustoso é inocente de la música deberia primero ponerse en práctica por muchos motivos: 1.º porque sin embargo de los buenos efectos de la escoria, todo metal daña si en el cuerpo encuentra disposicion flogística de entrañas ó algun órgano endurecido, lo que en muchas ocasiones no puede alcanzar la penetracion del mas sagáz profesor: 2.º en los casos de resistirse la enferma á tomar medicina, que son muchos: 3.º porque es aun mas pronto el efecto seguido á la música.

La

La tristeza es uno de los síntomas que acompañan á esta enfermedad; ¿y quién no admira aquella metamorfose repentina del ánimo que se entrevee en ojos y semblante seguida á la jatrophonia? Adviértase con cuidado al mas profundo melancólico al golpe de un concierto despejarse la frente, desencapotar los ojos, aparecer brillantes, ser sus miradas dulces y agradables, y asomar al semblante retozos de risa bastante sensible en el aumento y bello color que toma la carne; y todo esto en un instante. No obra así el mas decantado medicamento, ni tan pronto, ni tan eficazmente. Solamente lo executa el *divino* medicamento la música. ¿Divino? Sí. Pues ademas del modo con que concebimos que obra hay otra influencia secreta é inteligible, y como que envuelve ó dice cosa divina. *Hypócrates* llamaba *quid divinum* lo que producia las enfermedades oculto en el ayre, y lo que estas tenian de particular; no por otra razon, sino porque era inescrutable. Lo mismo sucede con la música. Por mucho que se fatigue el Físico en averiguar su modo de obrar, conocerá que no queda satisfecho, y que hay en ella una cierta influencia secreta é incomprensible. En fin, por las referidas causas debe preferirse en las enferfermedades de las doncellas la jatrophonia al de la escoria, y mas quando quanto produce este con tumulto de vómitos y cursos lo executa aquel blandamente inspirando alegria bien decidida resulta de la mayor conmocion y resalte de los espíritus á causa del aumentado movimiento de sólidos y líquidos.

Sea la segunda la mayor parte de enfermedades que afectan á las viudas y á las que padecen atrasos ó faltas de evacuaciones mensales. En las mas, ó por causa ó por efecto, se observa una profunda tristeza, que sin otro exâmen es sabido se debe aplicar la jatrophonia. Asimismo en qualquiera otra enfermedad donde reluzca este síntoma. La virtud electórica comunicada al cuerpo de la muger por medio de la máquina es poderoso remedio para hacer cortar los menstruos suprimidos. Sus concusiones, sin disputa, abren los vasos, avivan el círculo y dexan por horas impresion de su violento modo de obrar y conmocion que causan en los dolores. Con tanta violencia y riesgo no obra la musical; pero por eso no dexa de causar aun mas maravillosos efectos. Son mas suaves los sacudimientos de esta y no menos eficaces. Aquella obra únicamente sobre la máquina humana alterando tumultuosamenmente sólidos y líquidos: esta suavemente con duplicadas fuerzas, mecánicamente como aquella y como ningun otro medicamento moviendo el espíritu por el tiempo de la voluntad del Artífice. El peligro de romper algun vaso es bien manifiesto en aquella; en esta está muy distante. Experimentado ya el riesgo se entra á sufrir sus impresiones con miedo, que acaso podrá ser motivo para que no resulten tan buenos efectos como se debia esperar. En la música no hay miedo el mas remoto de que dañe. Si alguna vez induce desabrimiento se manda cesar, y al mismo tiempo cesa el disgusto que ocasionaba sin que dexe impresion de malas resultas.

La tercera: en los achaques cuyo origen es debido á la espesura de humores y floxedad de fibra. Una gran parte de las enfermedades que afligen á la humanidad es de esta naturaleza. Entran en ella la caquegia, leucoflegmacia, algunas hidropesías, adormecimientos por obstruccion de vasos, paralises, debilidades de partes determinadas &c. A todas estas dolencias debe de ser de un racional uso el de la jatrophonia ordenada con prudencia y con arreglo á las máxîmas del arte. Es decir que se haga sonar por músico diestro un istrumento penetrante, que la sonata

sea

sea de las tripúdicas; y si pudiere ser acompañarla con correspondientes letrillas, para lo que se explorará el gusto si estuviere el enfermo para ello. El alivio en este caso será certísimo, y mas si rompiere en algunos movimientos ó en bayle.

Por sí sola la música es capaz de curar los referidos achaques, quanto mas si la acompaña el bayle. Entonces se cumplen todas las indicaciones. Propónese el Médico en la leucoflegmacia, v. gr. la idea de curar el humor redundante, y despues vigorar el sólido para que por medio de su vigorosa accion y reaccion se haga una verdadera sanguificacion. No parece ser necesario tanto. Basta con que se siga y consiga esta última indicacion. Pero permítase. Purga una y otra vez y de varios modos por vientre, orina y sudor usando de los apropiados medicamentos. Bien evacuado por ese medio pone en práctica los tónicos marciales, chalibeados, y toda la metralla de esta casta. Al fin consigue despues de una larga maniobra la curacion. Pues todo lo que logró el Médico mas práctico con la caterva de evacuantes de diferentes especies inquietando el estómago del enfermo y con el largo uso de los entonantes se puede asegurar lo conseguirá un facultativo sagáz y penetrativo facilmente con el

agra-

agradable é inocente remedio de la música. Ella evacua y fortifica, con la particularidad de que sus primeros efectos se advierten en esta última operacion á diferencia del método comun en que primeramente se evacua; y es sabido que toda evacuacion debilita. La música al contrario. El primer efecto que causa, como se ha visto en las historias del tarantismo de este escrito, es la fortificacion del sólido, á que se sigue el aumento de secreciones y excreciones causadas por el movimiento aumentado de aquel y resalte de espíritus: y si acompañase el bayle es certísima la curacion, pues aumentará las secreciones y evacuaciones principalmente el sudor.

Pudiéramos seguir mucho mas el discurso; pero baste para manifestar la gran eficacia que se podrá acaso hallar en la música discretamente aplicada. Generalmente débese tentar con bien fundadas esperanzas de conseguir alivio en casi todas las enfermedades en que la razon se advierta desquiciada, formal delirio, ó que domine vehemente pasion. En las dolencias que tienen su principio de floxedad ó atonia de nervios y en las que su licor es grueso y se cierra el paso dexando de influir por esta causa á las partes mas remotas. En qualquiera achaque que no habiendo impresion en entraña ú obstáculo invencible sea necesario hacer resaltar los espíritus, dispertar el sólido adormecido y engendrar una sangre laudable. Quantas castas de enfermedades comprehendan las tres referidas clases es bien notorio al Médico instruido; ademas de las muchas que ya por la experiencia consta ser su seguro remedio, su expecífico, como en la mordedura de la Tarántula, del alacran, de la vívora, de cuyos venenos es su antídoto. Finalmente, siendo, como verdaderamente es, un remedio sencillo, fácil, barato, inocente, de cuyo uso no se recela el mas mínimo perjuicio, tiéntese con alguna confianza en qualquiera mordedura venenosa de perro rabioso ú otro animal de los que tienen veneno coagulante ó causan delirio. Asimismo en peste ó epidemias en que reluzcan fenomenos efectos de una causa á este análoga; en enfermedades ya crónicas ya agudas en que se advierta trastornada la razon ó formal delirio; en las que sea preciso moderar las pasiones, pues no hay en la naturaleza otro medicamento que con mas facilidad y brevedad le produzca que este; y en todo caso de hacer resaltar los espíritus, vigorar el sólido y aumentar la transpiracion.

Estos efectos produce la música con un modo casi milagroso, á lo menos suspende al mas instruido ver que el ayre batido y variamente modulado sea capaz de causar tan prontos, eficaces y asombrosos efectos. De quanta extension pueda ser este remedio no es facil determinar, sí solo es de juzgar tenga un dilatado imperio sobre las enfermedades. ¿Pues quién habia de creer, guiado unicamente por la razon, que la sonata *Tarantéla* era el correctivo del veneno de la Tarántula comunicado al cuerpo humano si asi la experiencia no lo hubiera decidido? ¿Y quién por sola la razon ó *à priori* seria el que rastrease que un vehemente dolor de cabeza se habia de calmar con el estrépito y molesto ruido del tambor si el mismo hecho no lo hubiera acreditado? ¿Habrá alguno tan arrogante y presuntuoso que fiado en su ilustracion y penetracion asegure que cierta y determinada enfermedad es curable con la música de esta ó la otra naturaleza, y con esta ó aquella sonata? No. Con que si no se ensaya mal podremos llegar á ese conomiento. Es cierto que considerado el asunto superficialmente parece despreciable, y aun ridículo, pero bien reflexîonado no dexa de tener un gran fondo de verisimilitud. ¿Quién creyera que los funestos efectos que causan los venenos de los referidos animales

les habian de ser corregidos por la música? Pues, del mismo modo, ¿por qué no curará otras muchas enfermedades? Tiéntese con la prudencia que corresponde, y acaso se hará mas universal este remedio que los que hasta aquí han pasado por tales. Hasta ahora han sido tenidos por casuales los casos en que la música produxo sus divinos efectos; pero como en lo succesivo se tiente con freqüencia y con el tino de un buen práctico serán mas obvios. Hasta aquí su descubrimiento se ha debido á mera casualidad: en adelante tendrá su buena parte el arte en sus progresos.

IN-

# INDICE

## DE LO QUE SE CONTIENE EN ESTA OBRA.



Fi-

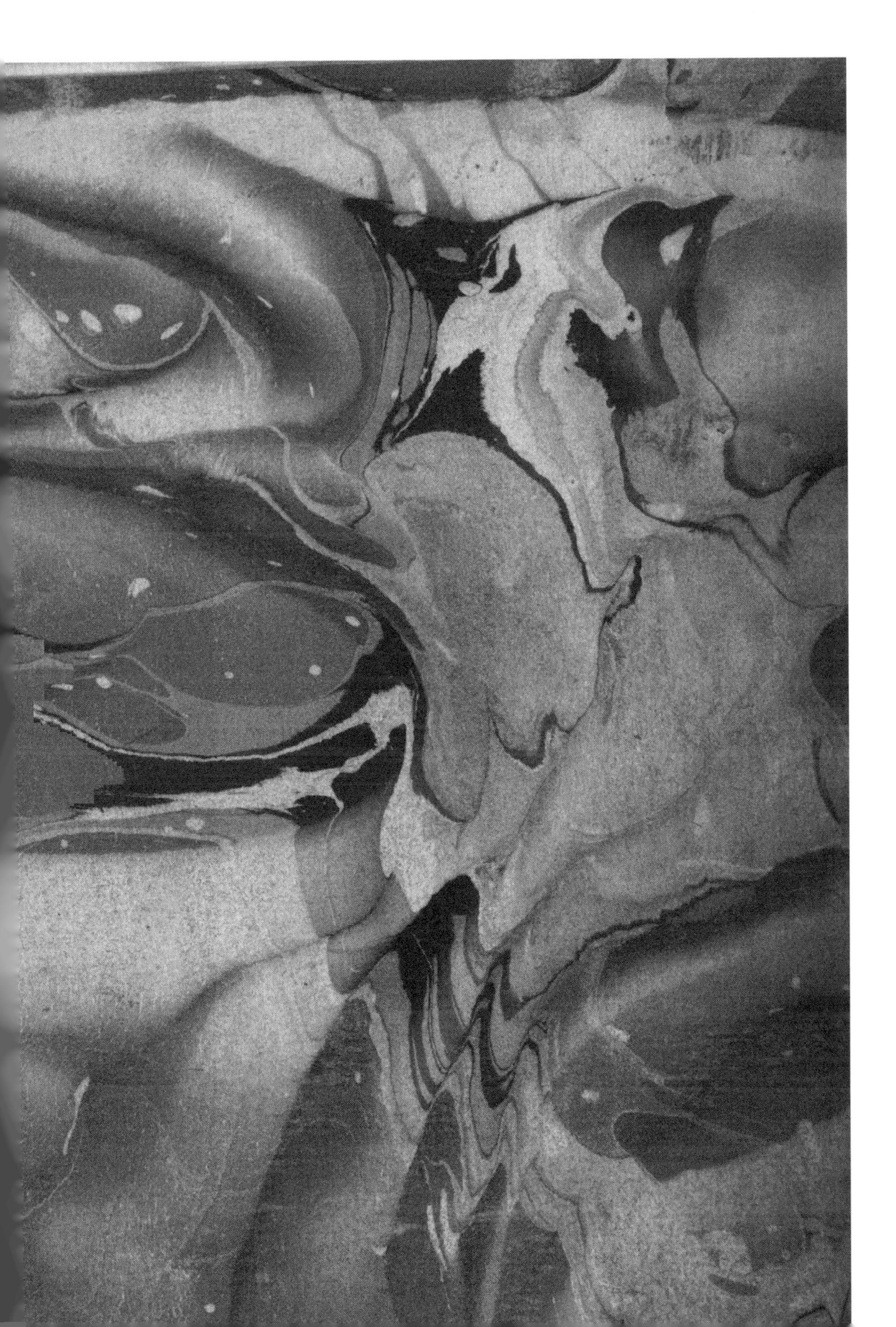

Lightning Source UK Ltd.
Milton Keynes UK
UKHW030937200721
387465UK00010B/1582

9 781277 894